NIÑOS ORDINARIOS realizando
COSAS EXTRAORDINARIAS
¡a través del PODER de LA PALABRA DE DIOS!

VOLUMEN 1
LECCIONES 1-13

A menos que se indique lo contrario, las citas bíblicas fueron tomadas de la versión *Reina Valera 1960*.

Las citas marcadas con las siglas *NVI* fueron tomadas de la *Nueva Versión Internacional*.

Las citas marcadas con las siglas *NTV* fueron tomadas de la *Nueva Traducción Viviente*.

Las citas marcadas con las siglas *AMP* son traducciones libres de *The Amplified Bible*.

Las citas marcadas con las siglas *MSG* son traducciones libres de *The Message Bible*.

ISBN 978-1-60463-091-6

Libro de lecciones de la Academia de Superniños, volumen 1, lecciones 1-13
Superkid Academy Lesson Book Volume 1 Lessons 1-13

Traducido y editado por KCM Guatemala

© 2010 *Eagle Mountain International Church Inc.*, también conocida como Ministerios Kenneth Copeland
© 2011 *Eagle Mountain International Church Inc.*, también conocida como Ministerios Kenneth Copeland. Traducción autorizada de la edición en inglés.

Kenneth Copeland Publications
Fort Worth, TX 76192-0001

Para obtener más información acerca de los Ministerios Kenneth Copeland, llame al 800–600–7395 o visítenos en nuestra página web www.kcm.org.

Consultores creativos y desarrollo de producto por: www.vaughnstreet.com

Diseño de interior y portada por: www.eastcomultimedia.com

Gerente de diseño: Jon La Porta
Diseñadores: Heather Huether & Justin Seefeldt

ÍNDICE

RECONOCIMIENTOS.. iv
UNA GUÍA SENCILLA.. v
EXENCIÓN DE RESPONSABILIDAD DE SALUD Y SEGURIDAD vi
LECCIÓN 1: TRES EN UNO... 1
LECCIÓN 2: EL MEJOR PADRE....................................... 9
LECCIÓN 3: UNA AMISTAD FORMADA EN EL CIELO................. 19
LECCIÓN 4: EL MEJOR AMIGO DEL MUNDO......................... 27
LECCIÓN 5: SU LENGUAJE SECRETO................................ 33
LECCIÓN 6: ¡PIENSEN EN GRANDE!................................. 43
LECCIÓN 7: ES VERDAD... 51
LECCIÓN 8: LA PALABRA DE DIOS NUNCA CAMBIA................ 61
LECCIÓN 9: ¡ES VIVA!... 67
LECCIÓN 10: ES CORTANTE Y PODEROSA.......................... 75
LECCIÓN 11: ¡ES LUMBRERA!....................................... 83
LECCIÓN 12: VALOREN LA PALABRA................................ 91
LECCIÓN 13: ¡HÁGANLO!... 99

Me siento muy emocionada porque la Academia de Superniños se establecerá en el corazón de los niños de ¡todo el mundo! Dios es fiel en completar lo que inició, y con Su ayuda hemos visto como ocurren cosas extraordinarias en la vida de muchos niños y familias.

La asociación es una parte muy importante en el éxito del ministerio de niños. Confiamos en que Dios es nuestra fuente, y somos socios con otros con el propósito de cumplir Su plan en nuestra vida. Quiero agradecerles a las siguientes personas, pues su fidelidad hizo que la Academia de Superniños produjera fruto todos estos años; en especial, a mis amigos de pacto en cuanto a la redacción de este plan de estudio.

A los comandantes Dana y Linda Johnson: Su amistad y amor significan más para mí de lo que imaginan. Gracias por hacer de la Academia de Superniños ¡un lugar REAL!

Kim Stephenson: Mi socia y mi amiga en el ministerio. ¡No hubiera logrado esto sin tu ayuda!

Jenni Drennen: Dios te ha dado la habilidad de tener todo preparado, y al mismo tiempo, mantienes firmes y felices a los comandantes. Simplemente, ¡eres maravillosa!

Lyndsey Swisher: Tu habilidad para transmitir de forma creativa el sentir del corazón de la Academia de Superniños mediante la redacción, la dirección de la filmación y las enseñanzas; es en realidad asombrosa. ¡Eres una hija maravillosa! Te amo con todo mi corazón.

Y a los centenares de integrantes del equipo de Superniños en *Eagle Mountain International Church* y en las convenciones de creyentes.

¡Los quiero a todos!

Commander Kellie
Comandante Kellie

GUÍA PARA SU ACADEMIA DE SUPERNIÑOS: Una guía sencilla

Nos sentimos emocionados de que haya adquirido la versión en español de nuestro plan de estudio de la Academia de Superniños. Los principios que se enseñan y el material que se brinda, permite entablar una relación con Dios e inspirar a los niños para que realicen cosas extraordinarias en todo lo que emprendan.

El material de la versión en español incluye:

- **BOSQUEJO DE LA LECCIÓN**: Un bosquejo sencillo de tres pasos que le explica la verdad de la Palabra y su aplicación en la vida diaria.
- **VERSÍCULO PARA MEMORIZAR**: Estos versículos representan una oportunidad familiar para memorizar y guardar la Palabra en el corazón de todos.
- **TIEMPO PARA JUGAR**: Los juegos refuerzan el mensaje de la lección, y lo ejemplifican durante un tiempo de diversión.
- **OFRENDA**: La manera bíblica de dar es muy importante. Cada semana, estas verdades le enseñarán los principios de dar, y éstos se implantarán en lo profundo del corazón de los niños.
- **SUPLEMENTOS** (incluye dos de los siguientes temas en cada lección):

    Lección práctica: Ilustra el enfoque de la lección y brinda elementos visuales para la enseñanza.

    Caso real: Esta actividad destaca un interesante e histórico lugar, persona o evento con lo cual se ejemplifica el tema de la lección que se está enseñando.

    Drama: Puede leerse como una historia, representarse como una obra o realizarse con títeres.

    La cocina de la academia: Esta actividad requiere artículos de cocina y brinda mejores oportunidades de enseñanza adicionales para examinar e ilustrar la lección.

    El laboratorio de la academia: Combina la lección con la ciencia.

    Tiempo de lectura: Una historia que refuerza el mensaje de la semana a través de un tema ejemplificado.

Cada lección puede utilizarse de muchas maneras. Sea creativo. ¡Diviértase con este material! Aunque el tiempo transcurra rápido, las semillas depositadas en sus niños producirán una gran cosecha que durará toda la vida y la Palabra que se encuentra en el corazón de ellos, no volverá vacía.

«Instruye al niño en su camino, y aun cuando fuere viejo no se apartará de él»
Proverbios 22:6

EXENCIÓN DE RESPONSABILIDAD DE SALUD Y SEGURIDAD PARA EL PLAN DE ESTUDIO DE LA ACADEMIA DE SUPERNIÑOS

La Academia de Superniños es un ministerio de *Eagle Mountain International Church*, también conocida como Ministerios Kenneth Copeland (a la cual nos referiremos como EMIC). El plan de estudio de la Academia de Superniños (al cual nos referiremos como plan de estudio SKA) brinda material de enseñanza apropiado para la edad de los niños, a fin de ser utilizado en su formación espiritual. Este plan de estudio SKA, incluye actividades físicas en las cuales pueden participar tanto el maestro como el niño. Antes de realizar cualquiera de las actividades, los participantes deben estar en buena condición física, respaldado con certificación médica. EMIC no se responsabiliza por las lesiones que resulten de realizar las actividades sugeridas en el plan de estudio SKA. Antes de llevar a cabo el plan de estudio SKA, debe revisar con cuidado las políticas de seguridad y salud de su organización, y determinar si el plan de estudio SKA es apropiado para el uso deseado de su organización.

Al comprar el plan de estudio SKA, yo, como persona individual o como representante autorizado de mi organización, decido por medio de la presente liberar, defender, no inculpar y me comprometo a no demandar a EMIC, a su personal de seguridad, diáconos, ministros, directores, empleados, voluntarios, contratistas, personal, afiliados, agentes y abogados (colectivamente, cualquier área relacionada a EMIC) y a la propiedad de EMIC, de cualquier demanda; incluyendo demandas de negligencia y culpa grave de cualquiera o más áreas relacionadas a EMIC que surjan del uso y de la participación del plan de estudio SKA, o de la participación en las actividades sugeridas incluidas en el plan de estudio SKA, ni por los primeros auxilios o servicios prestados que deban realizarse como consecuencia de o relacionados con las actividades o participación en las actividades.

LECCIÓN 1: TRES EN UNO

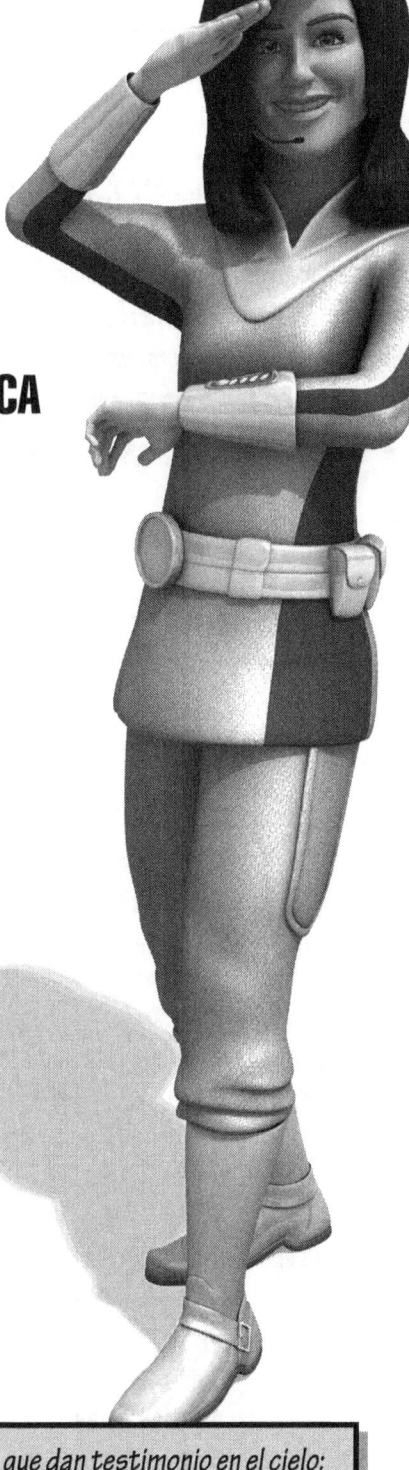

- **BIENVENIDA Y ORACIÓN**
- **VERSÍCULO PARA MEMORIZAR**
- **TIEMPO PARA JUGAR**
- **SUPLEMENTO 1: LECCIÓN PRÁCTICA**
- **OFRENDA**
- **BOSQUEJO DE LA LECCIÓN**
- **SUPLEMENTO 2: CASO REAL**
- **ORACIÓN, ANUNCIOS Y MATERIAL DE APOYO**

Versículo para memorizar: «Porque tres son los que dan testimonio en el cielo: el Padre, el Verbo y el Espíritu Santo; y estos tres son uno».

(1 Juan 5:7)

Serie: Una relación con nuestro Padre

Academia de Superniños • Vol. 1/1.ª semana • Tres en uno

 **TIEMPO PARA JUGAR** — **TRIATLÓN**

Tiempo necesario: 8-10 minutos

Versículo para memorizar: «*Porque tres son los que dan testimonio en el cielo: el Padre, el Verbo y el Espíritu Santo; y estos tres son uno*».

(1 Juan 5:7)

Sugerencia para el maestro: Enséñeles a los Superniños el versículo que deben memorizar, luego déles tiempo para que lo repitan.

Si el grupo es más pequeño, esta actividad puede variar de la siguiente forma:

Compre los artículos para cada estación o sustitúyalos por otros que funcionen mejor con grupos pequeños.

Forme un grupo que complete el triatlón y tómele tiempo. Premie al grupo que lo logre en menos tiempo.

Implementos: ☐ 2 punch balls, ☐ 2 cuerdas para saltar, ☐ 2 hula hoops.

Antes de la clase:

Infle y ate las *punch balls*. Coloque las *punch balls*, las cuerdas para saltar y los *hula hoops* en tres estaciones distintas al frente del salón.

Instrucciones para la actividad:

Pregunte ¿Quiénes son buenos saltando la cuerda? ¿Quiénes pueden jugar el *hula hoop*? ¿Y quiénes las *punch balls*?

Pregunte ¿Hay algún Superniño que sea bueno con las 3 actividades? (Escoja a un Superniño para que intente realizar las 3 actividades al mismo tiempo)

- ¡No es fácil realizar las tres actividades al mismo tiempo!
- ¡Muy bien, niños! Hoy, ¡competiremos en un triatlón!
- Escoja dos equipos con tres cadetes en cada uno.
- Coloque 1 jugador en cada estación: uno en la estación de la *punch-ball*, otro en la estación del *hula-hoop* y otro en la de la cuerda para saltar.
- Cuando dé la señal de inicio, los niños que se encuentran en la estación de la *punch-ball* la golpearán 10 veces. Sus compañeros de equipo contarán en voz alta durante cada ronda. Tan pronto como termine, el jugador irá a la estación del *hula-hoop* como señal de que su compañero puede iniciar y luego regresará a la base.
- Después, el Superniño en la estación del *hula-hoop*, deberá balancearlo 10 veces alrededor de su cintura, antes de ir a la estación de la cuerda para saltar.
- Por último, el Superniño en la estación de la cuerda para saltar deberá saltar 10 veces.
- Cuando termine el Superniño en la estación de la cuerda para saltar, irá a la estación de la *punch-ball*.
- Es divertido jugar varias veces y ¡recompensar a los ganadores con algún premio!

Objetivo del juego:

Ser el primer equipo en completar exitosamente el triatlón.

Aplicación:

Fue muy difícil para el primer Superniño intentar realizar las 3 actividades al mismo tiempo. Ahora bien, lo sorprendente acerca de la Trinidad, es que Dios Padre, Jesús y el Espíritu Santo pueden trabajar juntos y lograr muchas cosas buenas a la vez.

Serie: Una relación con nuestro Padre

Tres en uno • Vol. 1/1.ª semana • *Academia de Superniños*

LECCIÓN PRÁCTICA — ¡TODO EN UNO!

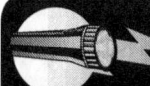 **Tiempo necesario:** 10 minutos

 **Versículo para memorizar:** «*Porque tres son los que dan testimonio en el cielo: el Padre, el Verbo y el Espíritu Santo; y estos tres son uno*».

(1 Juan 5:7)

 **Sugerencia para el maestro:** Por seguridad, si usted decide permitirles probar o tocar los alimentos, es importante que les pregunte a los niños si son alérgicos a algún alimento.

Implementos: ☐ 2 huevos hervidos (sólo uno de ellos es necesario para la lección), ☐ una mesa pequeña, ☐ toallas de papel, ☐ guantes de plástico (para uso del voluntario, mientras sostiene el huevo).

Instrucciones para la lección:

 ¿Quién sabe qué tengo en mi mano?

- Ésa fue una pregunta fácil. Es un huevo. Ahora, esta pregunta puede ser un poco más difícil:

Pregunte ¿Cuáles son las partes de un huevo? (Repita hasta que los cadetes las hayan nombrado: cáscara, yema y clara).

- Después, necesitaremos un voluntario para que nos ayude a separar el huevo, a fin de mostrar sus tres partes.
- Podemos ver la parte exterior del huevo, la cual llamamos cáscara. Ahora necesitaremos que nuestro asistente nos ayude para que podamos ver la clara del huevo. Debe colocar sus manos, como si estuviera sosteniendo una bola de nieve (Indique al asistente que apoye sus manos sobre la mesa).
- Con el fin de mostrar la clara del huevo, tendremos que romper la cáscara (Golpee la cáscara y comience a quitarla. Después de haberla quitado, coloque el huevo en las manos del asistente).
- Ahora, les presentamos ¡la clara del huevo!
- Muy bien, ya les mostramos dos partes del huevo, sólo nos falta mostrar la última.

Pregunte ¿Quién recuerda el nombre de la tercera parte del huevo?

- ¡Estupendo! Están en lo correcto, es la yema. (Con cuidado quite la clara para ver la yema). Aquí se encuentra, justo en el medio.
- Bien, ya separamos las tres partes y todas provienen de un huevo. Superniños, lo mismo ocurre con Dios.
- Existe sólo un Dios, pero Él tiene tres partes al igual que el huevo.
- Al Espíritu Santo podemos compararlo con la cáscara, pues en la Biblia se nos enseña que Él está sobre nosotros (En otras palabras, Él nos cubre).
- Ahora, al Hijo de Dios, Jesús, podemos compararlo con la clara, pues Él se encuentra a la par de Dios quien es el centro de todo, como la yema.
- En realidad, esto es asombroso: tres partes que unidas ¡son una!
- Y al igual que este huevo, siempre podemos ver más de Dios de lo que nuestros ojos naturales pueden observar. También recuerden que ¡Dios colocó más en USTEDES de lo que las personas pueden ver!

Notas: _____

_____

_____

Serie: Una relación con nuestro Padre

Academia de Superniños • Vol. 1/1.ª semana • Tres en uno

OFRENDA ¡SIEMBRE LA SEMILLA!

Tiempo necesario: 10 minutos

Versículo para recibir la ofrenda: "Hay quienes [generosamente] reparten, y se les añade más; y quienes retienen más de lo que es justo, pero obtienen como resultado solamente la necesidad".

(Proverbios 11:24, AMP)

Sugerencia para el maestro: Ésta es una perfecta oportunidad para expresar la importancia de una actitud generosa y dispuesta. Escoja a un Superniño y permítale ser un buen ejemplo, mientras lo ayuda a usted con varias actividades. Esto le proveerá un sentido de responsabilidad y éxito a los Superniños. Recuérdeles y anime a los cadetes para que escojan ser dadores generosos con su tiempo y servicio, honrando a Dios con sus acciones y sus actitudes.

Implementos: ☐ Un paquete de semillas, ☐ una regadera, ☐ una linterna, ☐ una maceta de barro, ☐ tierra para macetas, ☐ una mesa pequeña

Instrucciones para la lección:

- Hola, ¡cadetes! El versículo para recibir la ofrenda de hoy es Proverbios 11:24: "Hay quienes [generosamente] reparten, y se les añade más; y quienes retienen más de lo que es justo..." (más de lo que deberían).

- Descubramos qué significa este versículo:

- Necesitaremos un cadete Superniño que le guste cavar en la tierra, trabajar en el jardín y que disfrute ver crecer las plantas.

- (Coloque al voluntario detrás de la mesa que se encuentra al frente del salón).

- En esta mesa se encuentra lo necesario para cosechar una planta: una semilla, una maceta, un poco de tierra, agua y luz solar (levanten en alto su linterna); bueno, es casi como la luz solar. ☺

- Muy bien cadetes, digámosle a nuestro asistente que prepare el material necesario para sembrar esta semilla (deje que el asistente eche tierra en la maceta, y prepare el agua y la semilla).

- Levante la semilla para que todos los niños la vean y sosténgala en su mano.

Pregunte Cadetes, ¿estamos preparados para echarle agua a nuestra planta y brindarle luz solar?

- (Mantenga la semilla en su mano, verifique los implementos con los niños y anímelos a comprender que la semilla aún se encuentra en su mano). Una vez que los niños se percaten de que falta la semilla en la maceta, siémbrela y diviértanse con la linterna (la luz solar). ☺

- Este ejemplo se refiere a la escritura de hoy, con respecto a quienes no son dadores generosos y que sólo terminan con más necesidades (Como retener la semilla, y no colocarla en la maceta).

- Hay personas que están preparadas para dar, listas para **sembrar su semilla,** y ser generosas con los necesitados; lo cual da como resultado más gozo y bondad en la vida de ellos. Seamos niños que buscan formas de bendecir a los demás, seamos dadores generosos y ayudemos a los necesitados.

Serie: Una relación con nuestro Padre

Tres en uno • Vol. 1/1.ª semana • Academia de Superniños

 **BOSQUEJO DE LA LECCIÓN** — **TRES EN UNO**

Versículo para memorizar: «Porque tres son los que dan testimonio en el cielo: el Padre, el Verbo y el Espíritu Santo; y estos tres son uno».

(1 Juan 5:7)

I. UN ASOMBROSO MISTERIO RESUELTO
a. Dios es trino   1 Juan 5:7
b. Nuestro Dios es Padre, Hijo y Espíritu Santo
c. La Trinidad se encuentra en unidad y en común acuerdo   1 Juan 5:8

II. DIOS NOS REVELA SU SABIDURÍA A TRAVÉS DEL ESPÍRITU SANTO   1 Corintios 2:14
a. Debemos buscar la sabiduría y el entendimiento de Dios   Proverbios 4:7
b. Vivimos en sabiduría cuando obedecemos la Palabra   Mateo 11:19
c. Buscamos al espíritu de sabiduría, a fin de conocer mejor a Dios   Efesios 1:17

III. LA TRINIDAD
a. Dios es nuestro Padre celestial y el Creador de todo   Génesis 1:1
b. Jesús es nuestro Salvador, nuestro amigo y nuestro camino hacia Dios   Juan 14:6
c. El Espíritu Santo es nuestro ayudador   Romanos 8:26

Una palabra del comandante Dana: Cuando enseñamos un tema desafiante, son importantes las sugerencias y las preguntas de los niños. Es bueno retar a los cadetes para que analicen lo que aprenden y exploren cómo pueden aplicar el mensaje en su diario vivir.

Ejemplificar de diferentes maneras y examinar cada uno de estos ejemplos, puede ser una herramienta muy útil para explicar mejor la Trinidad (o el tema central de cada lección).

Algunos ejemplos:

El estado del agua puede ser: líquido (agua), gaseoso (vapor) o sólido (hielo).
Las palabras pueden ser: pensadas, habladas o escritas.

Dios es único, Él es trino: Padre, Hijo y Espíritu Santo.

Notas: _____

Serie: Una relación con nuestro Padre

Academia de Superniños • Vol. 1/1.ª semana • Tres en uno

CASO REAL — LIOFILIZACIÓN

Concepto: Destacar un histórico e interesante lugar, personaje o evento que ejemplifique la lección del día. Hoy hablaremos del misterio de la Trinidad.

 Consejo para el maestro: Utilizar un disfraz atrae la atención del Superniño. Es de gran ayuda usar imágenes cuando les enseña.

 Consejo para involucrar a los adolescentes: Repasar la cita bíblica antes de iniciar la clase e involucrar a los adolescentes como auxiliares es una gran forma de mantener a los niños involucrados y atentos.

Implementos: ☐ Casco de astronauta, ☐ traje de astronauta, ☐ una paleta de helado congelada en bolsa u otra muestra de comida congelada (disponible en la mayoría de tiendas o en la sección de acampar en las tiendas por departamentos).

INTRODUCCIÓN:

Hoy hablaremos acerca de sorprendentes misterios. El misterio más grande que ha existido es el de la Trinidad. La palabra **Trinidad** significa que Dios es tres personas a la vez: Padre, Hijo y Espíritu Santo. Sin embargo, existe otro interesante misterio, el cual exploraremos ahora mismo.

Quizá este acertijo nos dé una pista:

"En 1960 nuestros viajes se tornaron más largos, por así decirlo. Lo único malo era que necesitábamos más comida. ¿Alguien adivina?

LECCIÓN:

¿Qué es?

- Durante las misiones al espacio, los científicos debían investigar cómo enviar comida que no necesitara refrigeración ni ocupara mucho espacio.

- Cuando la comida se liofiliza pesa menos, se hace más pequeña y se conserva mucho más tiempo. Algunos alimentos espaciales pueden durar hasta ¡30 años!

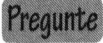 **Pregunte** Cadetes alguien sabe cómo liofilizar comida?

¿Cómo lo hacen?

- Tres pasos para liofilizar:
  1. Los científicos inventaron una máquina para liofilizar, la cual congela la comida de 10 a 27 grados centígrados bajo cero. ¡Cielos, eso sí es frío! Imagínense, sólo se necesitan 0 grados para que nieve.
  2. Después que la máquina de liofilizar congela la comida, una aspiradora de alta potencia succiona todo el hielo cristalizado que se encuentra dentro de la comida. Este proceso deja pequeños agujeros en la comida, dándole forma de esponja.
  3. Por último, la comida se calienta a punto de deshidratación. Después está lista para colocarse en un empaque sellado.

Serie: Una relación con nuestro Padre

Ayuda, ¡tenemos hambre!

- Los primeros astronautas estadounidenses realizaban viajes cortos al espacio, y no necesitaban mucha comida. Eso era bueno porque las primeras comidas espaciales no eran muy apetecibles.
- Los primeros alimentos liofilizados representaron un gran invento, pero se necesitaba mejorarlos. La primera comida espacial era líquida y se ingería en tubos de aluminio. Era un reto evitar que los tubos se dañaran, y si los astronautas no eran cuidadosos, las migajas podían flotar y meterse en su equipo. ¡Eso no era bueno!
- Finalmente, los científicos de la NASA lograron liofilizar la comida, a fin de que supiera como la hecha en casa. Ahora, los astronautas pueden disfrutar comidas como: lasaña, camarones, pollo, vegetales e incluso helado.

 **Consejo para el maestro:** *Si compró cualquier clase de comida liofilizada, ahora es un buen momento para mostrársela a los niños. Después de hidratarla, permita que los cadetes la vean y la prueben.*

¡Comamos!

- Y ¿cómo se prepara la comida liofilizada? El elemento principal en la comida liofilizada es el agua. Ésta es extraída de la comida, a fin de que se conserve más tiempo durante el proceso de liofilización; por tanto, se necesita agua para "darle vida de nuevo".
- Al principio, los astronautas utilizaban su saliva para hidratar la comida liofilizada. ¡Qué desagradable! Eso significaba que no había comida caliente. Imagínense degustar de una cena fría todas las noches, eso no es muy divertido.
- Finalmente, los científicos de la NASA crearon un dispositivo para llevar agua caliente al espacio para que los astronautas prepararan comida caliente. Utilizar agua caliente para hidratar la comida liofilizada tardaba mucho tiempo, casi 20 ó 30 minutos por alimento; pero ¿quien se quejaba? ¡Los astronautas no! Ya que podían estar muy felices por disfrutar comida caliente durante sus largos viajes al espacio.
- Hoy día, el menú del transbordador espacial contiene 72 comidas diferentes y 20 bebidas distintas.

Haciendo historia

- La liofilización ha existo por más de 1,000 años. Los incas, en Perú, fueron los primeros en liofilizar comida utilizando las grandes alturas y las temperaturas extremas de las montañas. En los meses de invierno, guardaban sus cultivos y regresaban en verano para encontrarlos perfectamente intactos. Los incas utilizaron la naturaleza como su liofilizador natural.
- En la actualidad, muchos excursionistas y campistas prefieren la comida liofilizada, debido a que es ligera para llevar y ocupa poco espacio en las mochilas.

CONCLUSIONES:

- En el mundo existen muchos misterios interesantes y el más sorprendente es la Trinidad: Dios Padre, Dios Hijo y Dios Espíritu Santo.
- La lección del caso real que examinamos hoy, nos proveyó información acerca de uno de los misterios del mundo: la comida liofilizada.
- Podemos buscar a Dios para que nos ayude, nos dé ideas creativas y sabiduría para cualquier situación o para entender cualquier misterio o circunstancia de nuestra vida. Así como los científicos descubrieron nuevas formas para ayudar a los astronautas con comida espacial, Dios puede ayudarnos a descubrir cómo agradarle con nuestra vida y ser de bendición para quienes nos rodean.

Notas:

Notas:

LECCIÓN 2: EL MEJOR PADRE

- BIENVENIDA Y ORACIÓN
- VERSÍCULO PARA MEMORIZAR
- TIEMPO PARA JUGAR
- SUPLEMENTO 1: DRAMA
- OFRENDA
- BOSQUEJO DE LA LECCIÓN
- SUPLEMENTO 2: LA COCINA DE LA ACADEMIA
- ORACIÓN, ANUNCIOS Y MATERIAL DE APOYO

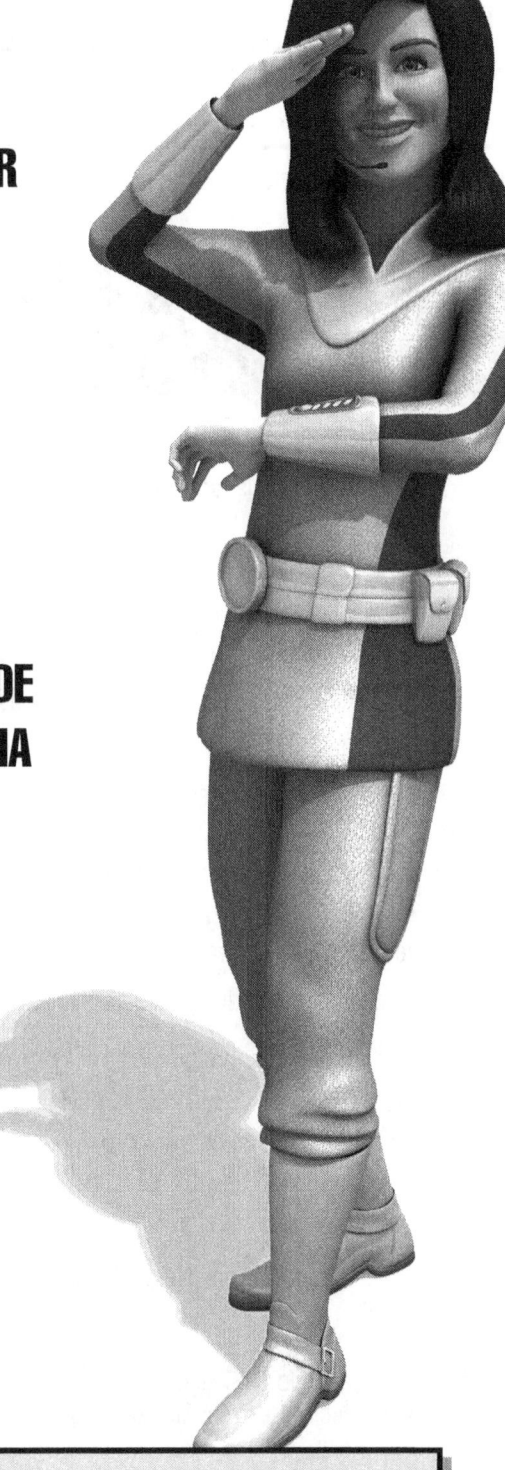

Versículo para memorizar: «*Toda buena dádiva y todo don perfecto desciende de lo alto, del Padre de las luces, en el cual no hay mudanza, ni sombra de variación*».
(Santiago 1:17)

Serie: Una relación con nuestro Padre

TIEMPO PARA JUGAR — CUBIERTO DE BONDAD

Tiempo necesario: 10 minutos

Versículo para memorizar: «*Toda buena dádiva y todo don perfecto desciende de lo alto, del Padre de las luces, en el cual no hay mudanza, ni sombra de variación*». (Santiago 1:17)

Consejo para el maestro: Enséñeles a los cadetes el versículo que deben memorizar, y déles tiempo para que lo repitan.

Implementos: ■ Lentes de protección, ■ espuma para afeitar o crema batida, ■ 2 bolsas de malvaviscos pequeños, ■ papel de cocina o toallas húmedas, ■ pequeños y divertidos premios (comida no), ■ utilice música de fondo durante la actividad.

Antes de la clase:
Coloque una bolsa grande de basura o plástico para proteger el área de juego.

Instrucciones para la actividad:
- ¡Hola, cadetes!
- Nuestro versículo para memorizar se refiere a la bondad de Dios.
- En esta actividad, nos enfocaremos en aprender acerca de la protección de Dios, Su gloria y Su bondad.
- Tomemos un momento, les explicaré qué significa cada artículo en esta actividad:

    LENTES DE PROTECCIÓN = **La protección de Dios:** Él es nuestro escudo y nos cubre, nos mantiene a salvo del peligro.

    ESPUMA PARA AFEITAR = **La gloria de Dios:** Él se regocija en nuestras victorias. También en la alabanza y la adoración con acciones de gracias que le rendimos a Dios por Su ayuda en nuestra vida.

    LOS MALVAVISCOS PEQUEÑOS = **La bondad y la bendición de Dios:** Se reconocen por medio de nuestro carácter y conducta. Dios le da valor a nuestra vida.

- Forme dos equipos, cada uno con dos personas.
- El jugador No. 1 utilizará los lentes para protegerse de la espuma de afeitar.
- El jugador No. 2 le aplicará la espuma de afeitar en la barbilla y en las mejillas de su compañero en proporciones iguales.
- Cuando comience la música, el jugador No. 2 lanzará con cuidado los malvaviscos directo a la espuma de afeitar que tiene su compañero de equipo en el rostro.

Objetivo del juego:
Ganará el equipo que esté más cubierto de bondad (malvaviscos) en un lapso de 30 a 60 segundos.

Aplicación:
Repase el significado de cada artículo del juego, y explique cómo pueden utilizar en su diario vivir cada característica de Dios. Repase lo conceptos de la protección de Dios, Su gloria y Su bondad cuando premie al equipo ganador.

Notas: _____
_____
_____

El mejor Padre • Vol. 1/2.ª semana • *Academia de Supreniños*

DRAMA: EL TRAVIESO PETER. "EL PADRE PERFECTO"

Concepto: Hace años, se transmitió un programa (*Leave It to Beaver*) que reflejaba la vida de un padre amoroso y sabio. Y aunque su hijo no siempre tomaba las mejores decisiones, él siempre lo perdonaba y le enseñaba con su ejemplo. En la cumbre de la vulgaridad, y alrededor de 1950, las familias televidentes necesitaban ver ejemplos de bondad.

Personajes:
Narrador - Una vos fuera del escenario, deberá leer el guión con micrófono
Papá - Un padre amoroso, dador y protector
Peter - El hijo
Frankie Maclaine - El vecino intimidante

Disfraces: (estilo de la época de 1950)
El narrador - no necesita disfraz
Papá - un traje formal, camisa abotonada, corbata y el cabello perfectamente peinado
Peter - pantalones color caqui o *jeans* ajustados remangados, una playera lisa y ajustada, tenis (de preferencia estilo *Converse*), y una gorra de béisbol sobre la cabeza
Frankie Maclaine - *jeans* remangados, tenis (de preferencia estilo *Converse*), una playera blanca ajustada y el cabello alborotado

Implementos: ☐ una pelota de béisbol, ☐ un guante nuevo de béisbol con un gran moño rojo (colocarlo en una bolsa de papel color café), ☐ resortera (puede hacerla o comprarla), ☐ una piedra falsa (búsquela en una tienda de manualidades o puede hacerla con plastilina).

Notas:

Serie: Una relación con nuestro Padre

(La historia inicia con Peter sobre el escenario lanzando una pelota de béisbol al aire)

NARRADOR: (Una voz en off enérgica al estilo antiguo)
Hola y bienvenidos a la tierra de la TV. Hoy, en el travieso Peter,
Peter se mete en varios problemas. ¡¿Qué hará papá?!

(Ingresa papá, simpático, pero reservado)

PETER:
¡Hola, papá!

PAPÁ:
Hola, hijo. ¿Podemos hablar un momento?

PETER:
Seguro. ¿Qué sucede?

PAPÁ:
Acabo de conversar con tu mamá, y me dijo que ya terminaste tu tarea.

PETER:
Sí, matemática es muy fácil.

PAPÁ:
Ummm, eso es raro.

PETER:
¿Qué es raro?

PAPÁ:
¿Cómo pudiste realizar tu tarea de matemática si dejaste tu libro en mi automóvil?

(Peter deja de lanzar la pelota de béisbol, y se sujeta la cabeza avergonzado)

PAPÁ: (decepcionado, pero amable)
Peter, ¿por qué mentiste diciendo que ya habías terminado tu tarea?

PETER:
Estaba muy emocionado por mi juego de mañana, Johnny quería practicar y yo también...

PAPÁ:
Mentiste y desobedeciste las reglas de esta casa.

PETER:
Papá, en realidad lo siento.

PAPÁ:
Hijo, desobedecer a tus padres y después mentir al respecto, jamás es una buena decisión. Debemos honrar a Dios y a nuestros padres con nuestro carácter, nuestra conducta y nuestras decisiones.

PETER:
Sí, señor. Te pido perdón.

PAPÁ:
Te perdono, y te amo, hijo.

PETER:
Yo también te amo, papá.

PAPÁ:
Ahora, ¿por qué no te disculpas con tu mamá y terminas tu tarea? Después podemos practicar para tu juego. ¿Dónde está tu guante?

(Frankie se acerca sigilosamente, apuntando con la resortera para lanzarle una piedra a Peter)

PETER:
Me robaron el guante la semana pasada en el recreo. Creo que fue Frankie…

(Papá descubre a Frankie)

PAPÁ:
Frankie Maclean, ¡ni siquiera lo pienses!
Ahora, vete a tu casa antes que llame a tu padre.

FRANKIE:
¡Perdedores!
(Frankie les saca la lengua, y después sale corriendo)

PETER:
¡Gracias, papá!

PAPÁ:
Eso hacen los padres, defienden y protegen a sus hijos. Ahora, ¿qué me dices de ese guante perdido? No podrás practicar o jugar en ese gran juego mañana sin un guante nuevo, ¿cierto?

PETER: (desanimado, suspira)
Supongo que no, señor.

PAPÁ:
Entonces, ¡creo que es el momento perfecto para darte esto!
(Papá le da a Peter la bolsa de papel con el guante nuevo)

PETER:
¡Asombroso! ¡Un guante nuevo de béisbol! ¡Espera a que Johnny lo vea! ¡Muchas gracias, papá!

PAPÁ:
De nada, hijo.

PETER:
¡Eres el mejor papá!

(Peter le da a papá un enorme abrazo, mientras se alejan abrazados)

NARRADOR:
¡Cielos! ¡Peter tiene un estupendo papá!

Pregunte ¿Algún cadete conoce a un papá que nos perdone cuando tomamos malas decisiones, que nos proteja cuando estamos en peligro y que sea demasiado generoso con nosotros?

¡Es grandioso tener una amistad con Dios! Él siempre está dispuesto a ayudarnos y a ser bueno con nosotros… ¡Qué maravilloso es el Padre celestial a quien servimos!

Academia de Superniños • Vol. 1/2.ª semana • El mejor Padre

OFRENDA — LA AYUDA YA VIENE

Tiempo necesario: 10 minutos

Versículo para recibir la ofrenda: «Acerquémonos, pues, confiadamente al trono de la gracia, para alcanzar misericordia y hallar gracia para el oportuno socorro». (Hebreos 4:16)

Consejo para el maestro: Esta lección se enfoca en la "ayuda" que viene justo cuando la necesitamos. Sugerimos enfatizar este versículo, a fin de que los niños comprendan el tema principal de la actividad de esta lección.

Implementos: ▪ Una cubeta de 5 galones (para llenarla con agua), ▪ un pichel (para verter el agua), ▪ una cubeta grande (donde se verterá el agua del pichel), ▪ una lona pequeña o una piscina de plástico para niños (implemento opcional para evitar que el agua se derrame).

Antes de la clase:

Extienda la lona sobre el piso o coloque la pequeña piscina de plástico para niños al frente de la habitación (esta lección también puede impartirse al aire libre, en un lugar seguro, con condiciones climáticas favorables para controlar mejor cualquier derrame de agua). Coloque todos los implementos (incluyendo la cubeta de 5 galones llena de agua) dentro del área protegida.

Objetivo de la actividad:

El objetivo de esta actividad es demostrar la importancia de pedir ayuda. El cadete más fuerte sostendrá la cubeta vacía, y será desafiado a sostenerla mientras la van llenando, hasta llegar al punto de pedir ayuda. Esta actividad ayudará a que los niños relacionen la importancia de pedirle ayuda a Dios y confiar en Él para vencer los retos y tomar decisiones cada día.

Instrucciones de la lección:

 ¿Habrá dos cadetes fuertes y dispuestos para ayudar con esta presentación?

- Un cadete fuerte sostiene la cubeta mientras que el otro llena el pichel con agua (tomando de la cubeta de 5 galones), luego debe verter el agua lentamente en la cubeta.

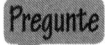 **¿Cuántas cubetas de agua piensan que este cadete fuerte puede sostener?**

- (Permita que los demás cadetes cuenten en voz alta, mientras llena el pichel y lo vacía en la cubeta).

Consejo para el maestro: Si el cadete elige no pedir ayuda, el agua se derramará. Continúe con la actividad hasta que el cadete decida pedir ayuda o el agua se derramará. Hágales saber a los cadetes que usted estuvo dispuesto a brindarles su ayuda todo el tiempo, ellos ¡sólo necesitaban pedirla! Diviértase con esta actividad y recuérdeles a los niños que está bien pedir ayuda cuando las situaciones ¡requieran mucho esfuerzo!

Esta presentación está relacionada con nuestro versículo para recibir la ofrenda, léanlo todos juntos: «Acerquémonos, pues, confiadamente al trono de la gracia, para alcanzar misericordia y hallar gracia para el oportuno socorro» (Hebreos 4:16).

Cuando el cadete fuerte se canse, sostenga la cubeta pesada; ellos sólo necesitaban pedir ayuda y nosotros estábamos preparados para intervenir.

Superniños, ¡es igual con Dios! Él siempre está listo para intervenir y ayudarnos cuando lo necesitamos. Sólo debemos ¡pedirle ayuda!

Honremos a Dios y a Su bondad con nuestra ofrenda.

Serie: Una relación con nuestro Padre

El mejor Padre • Vol. 1/2.ª semana • Academia de Supreniños

BOSQUEJO DE LA LECCIÓN — EL MEJOR PADRE

Versículo para memorizar: «*Todo lo que es bueno y perfecto desciende a nosotros de parte de Dios nuestro Padre, quien creó todas las luces de los cielos. Él nunca cambia ni varía como una sombra en movimiento*».

(Santiago 1:17, *NTV*)

I. DIOS, EL PADRE, ES GENEROSO
   a. Dios creó este mundo para que lo disfrutemos   Génesis 1:26
   b. Dios entregó a Su único Hijo, Jesús, a fin de ofrecernos vida eterna   Juan 3:16
   c. Dios desea que Sus hijos depositen su confianza en Él y que disfruten de Sus bendiciones   1 Timoteo 6:17

II. DIOS, EL PADRE, ES NUESTRO PROTECTOR
   a. El pueblo de Israel encontró enemigos peligrosos   2 Crónicas 20
   b. Cuando los hijos de Dios piden ayuda, ¡Él los escucha!   2 Crónicas 20:7-24
   c. Nuestro Padre es mayor que el padre del mundo   1 Juan 4:4

III. DIOS, EL PADRE, ES BUENO
   a. Dios es bueno y es amor   Mateo 19:17
   b. Dios le mostró a Moisés Su bondad   Éxodo 33:19
   c. Dios es paciente, bondadoso y misericordioso   Romanos 2:4

Una palabra del comandante Dana: Cuando enseñe acerca de Dios, es importante observar que muchos niños no tienen la imagen de un buen padre en su vida. Algunos, atraviesan experiencias negativas en su hogar y enfrentan diferentes inseguridades.

Compartir acerca de tener una relación y una amistad con el Padre celestial, quien nos ama de manera incondicional y quien desea lo mejor para nosotros, ayudará a los niños a realizar más preguntas y a desear entablar esa conexión. Intente crear una atmósfera de entendimiento, y no dé por hecho que ambos padres de todos los niños invierten en sus vidas. Explíqueles lo siguiente a sus Superniños: "Dios es el mejor Padre, y cuando decidimos creer que Él es nuestro Señor, nuestro Salvador y nuestro Padre, somos bienvenidos a la familia ¡más grande del mundo!".

(Y estamos muy agradecidos de que ustedes también hayan escogido pertenecer ¡a la Academia de Superniños!)

Consejo para el maestro: Antes de enseñar acerca de la bondad de Dios, medite y ore específicamente para que el Espíritu Santo le ayude a impartir la clase. La verdad y la bondad de Dios ¡resonará en el corazón de los niños!

Notas: _____
_____
_____

Serie: Una relación con nuestro Padre

Academia de Superniños • Vol. 1/2.ª semana • El mejor Padre

LA COCINA DE LA ACADEMIA — LO BUENO, MEJORA

Tiempo necesario: 10 minutos

Versículo para memorizar: «*Todo lo que es bueno y perfecto desciende a nosotros de parte de Dios nuestro Padre, quien creó todas las luces de los cielos. Él nunca cambia ni varía como una sombra en movimiento*». (Santiago 1:17, *NTV*)

Consejo para el maestro: Por seguridad, si usted decide permitirles probar o tocar los alimentos, es importante que les pregunte a los niños si son alérgicos a algún alimento.

Implementos: ☐ 1 tazón mediano para batir, ☐ una extensión eléctrica o un cable de corriente, ☐ una batidora eléctrica de mano (por seguridad, sólo los adultos deben usarla), ☐ tazas para medir, ☐ cucharas para servir, ☐ cucharas plásticas, ☐ 2 delantales.

Receta:

8 oz. de crema batida, 2 cucharadas de azúcar, una cucharadita de vainilla, 1/4-1/2 taza de chocolate en polvo (Ej: Nesquik®)

1. Vierta la crema en el tazón y bátala a alta velocidad con la batidora, y de forma gradual agregue el azúcar, mientras comienza a espesar.
2. Vierta la vainilla.
3. Agregue 1/4 ó 1/2 taza del chocolate en polvo para darle la consistencia chocolatosa deseada.

Instrucciones para la lección:

- Hola, Cadetes. ¡Bienvenidos a la cocina!
- Hoy, prepararemos ¡un delicioso manjar!

Pregunte ¿Habrá algún cadete dispuesto y preparado para ayudarme con esta receta?

- Comience a prepararla:

    Comience vertiendo la crema batida en el tazón.

Pregunte ¿A quién le gusta la crema batida?

Una vez que la crema esté en el tazón, encienda la batidora y mezcle. Luego, permita que su asistente continúe agitando la crema, mientras cuenta esta historia: (La historia se encuentra en Lucas 18:18).

En la Palabra se nos enseña que un joven rico le preguntó a Jesús qué podía realizar para obtener la vida eterna. Este joven había guardado todos los mandamientos desde que era niño, pero aún le hacía falta algo en su corazón.

Pregunte Cadetes ¿han escuchado esta historia antes?

- Ahora sería un buen momento para dejar que los niños comenten y discutan esta historia, mientras el asistente agrega el azúcar a la crema. Utilice la batidora para mezclar los dos ingredientes.

Consejo para el maestro: PRECAUCIÓN: Por seguridad, sólo los adultos pueden usar la batidora. Después de mezclar la crema batida y el azúcar, el asistente debe agregar la vainilla. Use la batidora para mezclar los tres ingredientes (en este punto, la crema batida debe espesar).

Por último, agregaremos ¡el ingrediente secreto!

Serie: Una relación con nuestro Padre

Consejo para el maestro: Una idea divertida: Guarde el chocolate en una bolsa para que los niños no puedan ver "el ingrediente secreto".

Permita que el asistente agregue "el ingrediente secreto". Agregue la cantidad deseada de chocolate y mezcle con la batidora.

Añadir todos los ingredientes a esta receta, se compara con la historia del joven que le preguntó a Jesús qué buena obra podía realizar para recibir la vida eterna (él deseaba saber qué otro ingrediente especial le faltaba en su corazón).

Jesús le pidió que vendiera todo lo que tenía, se lo diera a los pobres y lo siguiera a Él. El Señor Jesús quería que el joven supiera que sólo Dios es bueno y perfecto; y no lo que poseía ni cuánta gente conocía o de qué familia provenía.

Esta historia es parecida a la receta, la crema batida era buena por sí sola; pero después de agregarle el azúcar, la vainilla y el chocolate, ésta fue mejorando con cada ingrediente.

Decidan agregarle más ingredientes especiales de Dios a su vida diaria (Su amor, Su paz, Su gozo, etc); esto les ayudará a llevar una vida agradable ante Él, y ser de bendición para otros.

Notas:

Notas:

LECCIÓN 3: UNA AMISTAD FORMADA EN EL CIELO

- BIENVENIDA Y ORACIÓN
- VERSÍCULO PARA MEMORIZAR
- TIEMPO PARA JUGAR
- SUPLEMENTO 1: CASO REAL
- OFRENDA
- BOSQUEJO DE LA LECCIÓN
- SUPLEMENTO 2: TIEMPO DE LECTURA
- ORACIÓN, ANUNCIOS Y MATERIAL DE APOYO

Versículo para memorizar: «Porque el Hijo del Hombre vino a buscar y a salvar lo que se había perdido». (Lucas 19:10)

Serie: Una relación con nuestro Padre

Academia de Superniños • Vol. 1/3.ª semana • Una amistad formada en el cielo

TIEMPO PARA JUGAR: LOS AMIGOS PERMANECEN JUNTOS

Tiempo necesario: 10-12 minutos

Versículo para memorizar: «Porque el Hijo del Hombre vino a buscar y a salvar lo que se había perdido».
(Lucas 19:10)

Implementos: ☐ Varios globos grandes, ☐ una pluma grande.

Antes de la clase:
Infle los globos a su máxima capacidad. Coloque la pluma sobre una mesa o silla en la parte del frente del salón.

Instrucciones de la actividad:

- Hola, cadetes.

Pregunte ¿Quién ha escuchado el refrán: "Pájaros de un mismo plumaje vuelan juntos"? ¿Alguien sabe qué significa?

- (Permita que los cadetes comenten y discutan sus ideas).
- Ésas son ideas interesantes, cadetes.
- Interpretémoslo de esta forma: Cuando los amigos son fieles entre sí, permanecen juntos. Es importante pedirle a Dios que los ayude a escoger buenos amigos. Si ellos comparten una gran experiencia con ustedes, es importante que ustedes se entusiasmen y estén felices con ellos. Si sus amigos enfrentan un reto o un situación triste, es importante que los apoyen y los animen.
- En nuestra actividad de hoy, practicaremos el significado de este refrán y descubriremos quiénes son los mejores en permanecer juntos.
- Deje que los Superniños escojan un compañero (o cuente 1-2-1-2, etc.).
- Los niños deben juntarse espalda con espalda y con cuidado tienen que sostener un globo entre sí.
- Coloque la pluma sobre un lugar o una mesa detrás de la línea de meta.

Objetivo del juego:
Ser el primer equipo en atravesar la línea de meta, sin tocar el globo con las manos o los brazos. Si el globo cae, el equipo debe regresar a la línea de inicio y volver a empezar. Cuando un equipo llegue a la meta, deben tomar la pluma y gritar: ¡Permanecemos juntos!

Aplicación:

Pregunte ¿Qué se necesitó para realizar este juego? ¿Cómo se sintieron al trabajar en equipo?

Ser un amigo fiel significa permanecer juntos, apoyándose y animándose entre sí. También significa que hemos decidido encargarnos de las necesidades de los demás, y no sólo de las nuestras. Dios anhela que seamos amigos leales y que ¡permanezcamos juntos!

Notas: _____
_____
_____
_____

Serie: Una relación con nuestro Padre

Una amistad formada en el cielo • Vol. 1/3.ª semana • *Academia de Superniños*

CASO REAL — HARRIET TUBMAN

Concepto: Destacar un histórico e interesante lugar, personaje o evento que ejemplifique la lección del día. El tema de hoy es: Buscando y salvando lo que estaba perdido.

Disfraz: (Opcional si es maestra) Un vestido largo que llegue al piso y de manga larga, el cabello recogido con trenzas o con un moño.

 Consejo para el maestro: Utilizar un disfraz atrae la atención del Superniño. Es de gran ayuda usar imágenes cuando les enseña.

 Consejo para involucrar a los adolescentes: Repasar la cita bíblica antes de iniciar la clase e involucrar a adolescentes como auxiliares es una gran forma de mantener a los niños involucrados y atentos.

INTRODUCCIÓN:

- Hoy hemos estado enseñando acerca de la lealtad y la amistad.

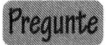 **Pregunta** ¿Habrá algún cadete que pueda hablarnos de nuestro más grande amigo, uno que permanece cerca de nosotros más que los demás?

- (Déles a los niños la oportunidad de compartir y analizar la importancia de buscar una amistad con Jesús, la lealtad y elegir buenos amigos para apoyar y animar).
- En esta lección de Caso Real, aprenderemos acerca de una mujer que demostró gran lealtad, amistad y perseverancia.
- Su sobrenombre era Moisés, porque sacó a mucha gente de la esclavitud, al igual que Moisés fue instruido para sacar al pueblo de Dios de la esclavitud.
- El caso real de hoy es el de Harriet Tubman.

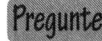 **Pregunta** ¿Quién sabe algo acerca de esta mujer llamada Harriet Tubman?

Acerca de Harriet Tubman:

- Harriet Tubman fue una valiente joven que escapó de la esclavitud.
- Harriet dirigió 13 misiones de rescates peligrosos para liberar a más de 70 amigos y familiares de la esclavitud.
- Los historiadores creen que Harriet nació entre 1820 y 1825, ya que durante este periodo no se guardaban registros de nacimientos para los esclavos.

La inspiración de Harriet —La libertad de Dios:

- Harriet vivió muchas experiencias espantosas como esclava, al igual que muchos esclavos; sin embargo, ella decidió creer y confiar en Dios. Ella decidió orar por quienes la lastimaban.
- Cuando era niña, su madre le leía historias bíblicas. Ella aprendió cómo Dios le pidió a Moisés que ayudara a rescatar a los hijos de Israel de la esclavitud. Esta historia la inspiró y la motivó de manera continua para que un día viviera libre y ayudara a otros a experimentar esa libertad.

Serie: Una relación con nuestro Padre

El gran escape:

- En su primer intento, Harriet logró ser libre sólo por dos semanas. Sin embargo, ¡no se rindió! Ella estaba determinada y sabía que era la voluntad de Dios que las personas vivieran libres y utilizaran su libertad para ayudar a los demás.
- Su segundo intento fue exitoso y comenzó su misión para liberar a otros.

"El ferrocarril subterráneo":

- Las misiones de rescate fueron desafiantes y de mucho riesgo; por consiguiente, Harriet desarrolló un sistema: "el ferrocarril subterráneo".
- "El ferrocarril subterráneo" consistía en un grupo de personas que estaban dispuestas esconder esclavos en sus hogares durante el día. Este grupo ayudó a los esclavos a emprender su travesía hacia la libertad sin que fueran vistos ni capturados.
- Para la mayoría de esclavos, la libertad se encontraba a 145 km, lo cual les tomaba tres semanas de viaje a pie.

Ayudando en secreto:

- Las misiones de rescate de Harriet eran confidenciales y ayudó a rescatar esclavos durante 11 años. En esa época, ella no recibió reconocimientos por su valentía; no obstante, continuó su misión porque amaba a Dios y deseaba que las personas vivieran libres.

CONCLUSIÓN:

- Ésta es una declaración famosa de Harriet Tubman: «Soy libre, por tanto, ellos también deberían serlo». Somos nosotros quienes elegimos vivir libres y ayudar a que los demás experimenten la verdadera libertad en Jesús. Harriet Tubman es una inspiración. Su determinación, su lealtad, su amor por Dios y su misión por la libertad, le dio el poder para rescatar a mucho esclavos.

Notas:

Una amistad formada en el cielo • Vol. 1/3.ª semana • *Academia de Superniños*

OFRENDA — PREPÁRENSE

Tiempo necesario: 10 minutos

Versículo para recibir la ofrenda: "¿Sólo porque una persona hable de la fe, no significa que en realidad la tenga? Por ejemplo, si encuentran a un antiguo amigo harapiento y medio hambriento, y le dicen: ¡Buenos días, amigo! ¡Vístete en Cristo y sáciate con el Espíritu Santo!'. Y se alejan sin proveerle siquiera un abrigo o un plato de sopa ¿Qué satisfacción le traerá esto?". (Santiago 2:14-16, *MSG*)

Instrucciones para la lección:

- En el versículo para recibir la ofrenda de hoy, Santiago deseaba compartir acerca de la importancia de ayudar a los necesitados.

- Ahí leemos: "¿Sólo porque una persona hable de la fe, no significa que en realidad la tenga? Por ejemplo, si encuentran a un antiguo amigo harapiento y medio hambriento, y le dicen: '¡Buenos días, amigo! ¡Vístete en Cristo y sáciate con el Espíritu Santo!'. Y se alejan sin proveerle siquiera un abrigo un plato de sopa ¿Qué satisfacción le traerá esto?" (Santiago 2:14-16, *MSG*).

Pregunte **Cadetes, ¿qué significa esta escritura para ustedes?**

- (Dé un tiempo para que los cadetes compartan y discutan qué significa esta escritura para ellos, y cómo pueden ponerla en práctica en su vida diaria).

- Al bendecir a las personas dándoles lo que necesitan y demostrando verdadero interés por ellas, sembramos la semilla del amor y la bondad incondicional de Dios en sus corazones. Podemos elegir ser personas de amor y acción, al brindarle ayuda a los necesitados.

- Muy bien, cadetes, tomemos un momento para escribir tres formas en las que, como Superniños, podemos ayudar a las personas que tienen alguna necesidad.

- (Déles la oportunidad de compartir sus ideas).

- Continuaremos la siguiente semana. Vengan preparados para compartir algunas formas en las que pueden ayudar a los necesitados.

- Es una maravillosa oportunidad para honrar a Dios, bendiciendo y ayudando a los necesitados.

Notas:

Serie: Una relación con nuestro Padre

Academia de Superniños • Vol. 1/3.ª semana • Una amistad formada en el cielo

BOSQUEJO DE LA LECCIÓN — UNA AMISTAD FORMADA EN EL CIELO

Versículo para memorizar: «*Porque el Hijo del Hombre vino a buscar y a salvar lo que se había perdido*».
(Lucas 19:10)

Consejo para el maestro: Antes de enseñar acerca de la bondad de Dios, específicamente medite y ore para que el Espíritu Santo le ayude a impartir la clase. La verdad y la bondad de Dios ¡permanecerán en el corazón de los niños!

I. JESÚS DESEA SER SU MEJOR AMIGO
a. Dios entregó a Su único Hijo para salvarnos y ganar nuestra amistad Juan 3:16
b. Dios anhela que escojamos la vida y una amistad con Él Deuteronomio 30:19
c. Dios ya tomó Su decisión, ¡ahora nos toca a nosotros!

II. JESÚS ES UN *VERDADERO AMIGO*
a. Un verdadero amigo siempre está dispuesto a ayudarnos Hebreos 7:25
b. Jesús se sacrificó por nosotros. En Juan 15:13, leemos que ¡no existe mayor amor que ése!
c. Un verdadero amigo siempre lo apoyará.

III. LOS VERDADEROS AMIGOS LES BRINDAN LA AYUDA QUE NECESITAN
a. Por causa del pecado, necesitábamos recuperar nuestra amistad con el Padre
b. Nuestro amigo, Jesús, vino a derrotar la muerte y nos dio vida Juan 10:10
c. ¡Jesús entregó Su vida para ganar nuestro lugar en el cielo! Juan 15:13

Una palabra del comandante Dana: Algo que los niños comprenden es el concepto de un mejor amigo. Muchos de ellos están descubriendo lo divertido y especial que resulta la experiencia de tener a alguien con quien están muy allegados, alguien en quien puedan confiar; y más que nada, con quien puedan compartir todo el tiempo posible. Pregúnteles a sus Superniños qué les agrada de su mejor amigo, y después déles ejemplos de cómo Jesús nos ha demostrado qué clase de amigo es Él en realidad.

(Cualidades de un buen amigo: leal, confiable, sincero, alentador, compasivo, generoso, divertido, me apoya, etc.)

Notas: _____
_____
_____
_____
_____
_____

Serie: Una relación con nuestro Padre

Una amistad formada en el cielo • Vol. 1/3.ª semana • *Academia de Superniños*

LIBRO DE HISTORIAS — EL AMOR DE UN CACHORRO

—Mamá, ¿cuándo puedo tener un perro? —preguntó Madison.

De hecho, les formulaba esa pregunta a sus padres, por lo menos dos veces a la semana. Y por lo general, su madre le respondía lo mismo: «Muy pronto, Maddie, muy pronto».

Madison cerró la puerta de su habitación y se recostó en su cama, y se preguntó: "¿Por qué los padres dicen cosas como "muy pronto" o "tal vez"?".

Apuesto a que existe un libro llamado: "Cómo no dar jamás una respuesta directa a sus hijos". Y mis padres tienen una copia escondida en alguna parte. Eso explicaría por qué me responden lo mismo tantas veces.

Desde hacía mucho tiempo, Madison deseaba tener un perro. Para ser más específico, ella deseaba un cachorro que llegara a convertirse en un perro adulto. La idea de tener su propio cachorro la hacía sonreír.

Esa noche, cuando Madison se fue a dormir, sus padres entraron a su habitación para orar por ella y arroparla. Se sentaron en la orilla de la cama, mientras su papá realizaba esta oración: *Dios, cuida a Maddie esta noche mientras duerme. Manténla cerca de Ti toda su vida, y concédele los deseos de su corazón. En el nombre de Jesús. Amén.*

Madison vio a su papá, y le preguntó: «Papi ¿en realidad deseas eso para mí?». Su padre la vio sorprendido.

—¡Cada palabra! —le respondió.

—Porque el deseo de mi corazón, en este momento, es tener un cachorro; y lo deseo más que a nada. Pero tú y mamá siempre responden "muy pronto" cuando les pido uno.

Antes de que Madison volviera a dormir, decidió hablar con Dios en cuanto a su situación con el perro: «Padre celestial, ¿me ayudarías a obtener un cachorro que se convierta en un perro adulto? En realidad quiero uno y le daré todo el amor que pueda recibir», luego se dio la vuelta y se quedó dormida.

Esa noche, soñó que tenía su propio cachorro. Éste se escondía en alguna parte de la casa, y no podía encontrarlo en ningún lado. Ella lo llamaba: «Ven aquí, muchacho, vamos, sal; quiero jugar contigo y cuidarte».

—Maddie, es hora de levantarse. Debemos prepararnos.

La voz de su madre la despertó, interrumpiendo su perfecto sueño de atrapar al cachorro.

Entonces Madison recordó que irían a la casa de sus primos para visitarlos.

—Vamos, es un largo viaje —le gritó su madre desde la cocina—. Y no olvides traer tu abrigo, ¡hace mucho frío afuera!

Poco después, Madison y su madre se dirigían hacia el pueblo. El viento soplaba y parecía que nevaría.

—Espero que encontremos algo de nieve para jugar —exclamó Madison.

Cuando iban en camino, Madison veía a través de la ventana. Ella soñaba despierta con los perros, mientras estaba con su primo y jugaban en la nieve.

Mientras pasaban por un viejo camino, Madison se percató de algo y dijo emocionada: «Mamá, creo que vi algo en el camino».

Serie: Una relación con nuestro Padre

—¿Qué es? —le preguntó su madre.

—No puedo ver, pero parece un animal pequeño. ¿Podemos regresar y ver qué es?

La madre de Madison vio su reloj y las nubes, luego le advirtió: «Daremos un vistazo rápido, pero no muy cerca».

Mientras regresaban en el automóvil, Madison podía sentir los fuertes latidos de su corazón.

Y se preguntaba: «¿Qué animalito podría estar afuera completamente solo, en este clima tan frío?

Cuando el automóvil se detuvo, Madison salió y caminó a la orilla del camino. Se agachó y miró fijamente al pequeño animal.

Éste se encontraba acurrucado a varios metros de ella. Madison podía ver que estaba temblando, de pronto alzó su cabeza y la miró. Era un pequeño cachorro, medio congelado y con miedo de moverse. Sólo se sentó allí acurrucado y siguió temblando.

Madison comenzó a hablar en voz baja: «Ven aquí, muchacho, ¡vamos! Tenemos un auto caliente para llevarte».

Pero el cachorro no se movió. Parecía estar congelado y asustado por algo.

Madison continuaba llamándolo y de pronto recordó su sueño. Con su más dulce voz susurró: «Vamos cachorro, yo sólo deseo jugar contigo y ser tu mejor amiga».

Finalmente, el cachorro dio un paso. Miró a Madison, mientras ella sonrería y exendía su mano. Éste dio un paso, y luego otro. Después de parecerle una eternidad a Madison, el cachorro se dirigió hacia sus brazos extendidos.

Mientras los copos de nieve comenzaban a caer, el cachorro lamió con timidez la mano de Madison. Ella lo levantó con cuidado, y caminó hacia el automóvil.

—Mamá, ¿no es asombroso? —su mamá estaba muy sorprendida—. ¿Puedo quedármelo? —le preguntó.

—Con una condición —le replicó su mamá—. Si no encontramos al dueño.

«Mamá, creo que alguien abandonó al cachorro ahí —dijo ella—. Lo llamaré "Copo de nieve" porque lo rescaté justo antes de que la nieve cubriera el suelo». Al continuar su viaje, Copo de nieve se acurrucó en el regazo de Maddie. Parecía muy contento, e incluso hacía pequeños ruidos que hacían sonreír a Madison.

Cuando Madison se fue a la cama esa noche, Copo de nieve durmió a su lado en su propia cama caliente. Antes de que ella se durmiera, oró: «Dios, muuuuchas gracias por permitirme ayudar a Copo de nieve. Prometo amarlo y cuidarlo muy bien».

En efecto, Copo de nieve se convirtió en el cachorro de Madison. Como podrán imaginarse, creció teniendo la mejor vida que un cachorro pueda pedir. Y finalmente, Copo de nieve se convirtió en un perro adulto.

Notas:

LECCIÓN 4: EL MEJOR AMIGO DEL MUNDO

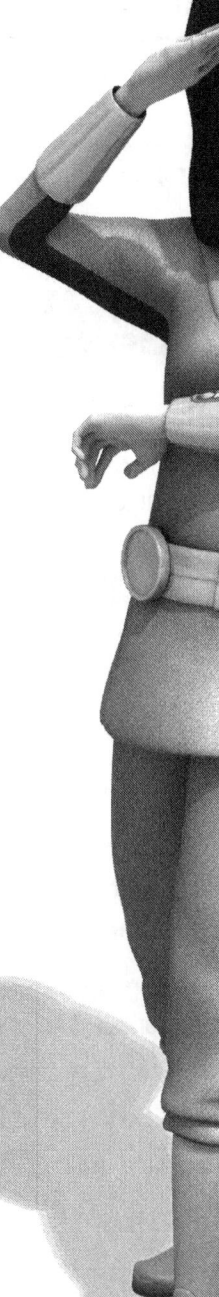

- BIENVENIDA Y ORACIÓN
- VERSÍCULO PARA MEMORIZAR
- TIEMPO PARA JUGAR
- COMPLEMENTO 1: LECCIÓN PRÁCTICA
- OFRENDA
- BOSQUEJO DE LA LECCIÓN
- COMPLEMENTO 2: LA COCINA DE LA ACADEMIA
- ORACIÓN, ANUNCIOS, Y MATERIAL DE APOYO

Versículo para memorizar: "Cuando el amigo venga, el Espíritu de verdad, los llevará de la mano y los guiará hacia toda verdad".

(Juan 16:13, *MSG*)

Serie: Una relación con nuestro Padre

Academia de Superniños • Vol. 1/4.ª semana • El mejor amigo del mundo

TIEMPO PARA JUGAR — SIGA A SU GUÍA

Tiempo necesario: 5-10 minutos

Versículo para memorizar: "Cuando el amigo venga, el Espíritu de verdad, los llevará de la mano y los guiará hacia toda verdad". (Juan 16:13, *MSG*)

Consejo para el maestro: Enséñeles a los Superniños el versículo que deben memorizar, déles tiempo para que lo repitan.

Implementos: ☐ 8 ó 10 conos de tráfico grandes, ☐ 4 hula hoops (colocarlos de forma vertical), ☐ bases para colocar los hula-hoop o que algunos niños los sostengan, ☐ 2 cintas para vendar los ojos.

Antes de la clase:
Cree un camino de obstáculos. Haga dos líneas de conos y dos de hula hoops. Divida a los niños en dos grupos: un grupo representará a nuestro guía (el Espíritu Santo); y el otro, a los seguidores.

Instrucciones para la actividad:
- Forme parejas: un guía y un seguidor.
- Véndele los ojos a los seguidores.
- Los guías deben dirigir a los seguidores a través del camino usando sólo palabras.
- Los seguidores cruzarán todo el camino de obstáculos escuchando las instrucciones de los guías.
- Involucre a los Superniños en la actividad.
- Dos grupos pueden competir a la vez, cronometrando su tiempo o puede ser un solo equipo, mientras los demás observan.

Objetivo del juego:
Los guías deben dirigir a los seguidores a través del camino de obstáculos con tanto cuidado y precisión como les sea posible. Ésta es una gran oportunidad para recordarles a los niños el versículo para memorizar, y explicarles que son ellos quienes deciden escuchar y ser buenos seguidores.

Aplicación:
El Espíritu Santo es un regalo para nuestra vida. Él es nuestro Ayudador y nuestro Guía. Podemos pedirle que nos ayude, guiándonos durante nuestro día.

Notas:

Serie: Una relación con nuestro Padre

El mejor amigo del mundo • Vol. 1/4.ª semana • Academia de Superniños

LECCIÓN PRÁCTICA — EL MEJOR GUÍA TURÍSTICO

Tiempo necesario: 5-7 minutos

Versículo para memorizar: "Cuando el amigo venga, el Espíritu de verdad, los llevará de la mano y los guiará hacia toda verdad". (Juan 16:13, *MSG*)

Implementos: ☐ Su guía turística favorita de países extranjeros o de Estados Unidos para ir de vacaciones.

Instrucciones para la lección:

- ¡Hola, Cadetes! Hoy hablaremos acerca de nuestros lugares favoritos para vacacionar.

 **Pregunte** ¿A quién le gusta viajar?

 **Pregunte** ¿Cuáles son algunos de sus lugares favoritos para viajar?

- (Déles tiempo a los niños para compartir sus experiencias).

- Viajar a nuevos lugares siempre es una aventura, así como también disfrutar del lugar donde vivimos.

 **Pregunte** ¿Alguna vez alguien ha estado en un país del extranjero?

Pregunte Si pudieran viajar a algún lugar del mundo, ¿a dónde irían?

- (Déles tiempo a los cadetes para que compartan sus experiencias y sus sueños).

 **Consejo para el maestro:** Ésta será una gran oportunidad para compartir las experiencias favoritas de sus propios viajes o de su lugar favorito para ir de vacaciones. Sería grandioso si les comparte fotos, folletos, recuerdos, etc. Ayude a los Superniños, tanto como le sea posible, para que experimenten junto a usted su viaje favorito. ¡Será divertido llevarlos de vacaciones con su imaginación!

Viajar puede ser desafiante y muy divertido. Nuestro versículo para memorizar de hoy es Juan 16:13: "Cuando el amigo venga, el Espíritu de verdad, los llevará de la mano y los guiará hacia toda verdad".

Cuando viajemos o enfrentemos situaciones desafiantes, podemos pedirle al Espíritu Santo que nos ayude, y Él nos guiará en la dirección correcta.

Notas:

Academia de Superniños • Vol. 1/4.ª semana • El mejor amigo del mundo

OFRENDA — TIEMPO DEDICADO A DIOS

Tiempo necesario: 10 minutos

Versículo para la ofrenda: "No hemos recibido el espíritu [que pertenece al] mundo, sino al Espíritu Santo de Dios [dado a nosotros], a fin de que podamos comprender, entender y valorar los dones [el favor divino y las bendiciones] que Dios nos ha otorgado". (1 Corintios 2:12, *AMP*)

Implementos: ■ Pequeños obsequios.

Instrucciones para la actividad:

- ¡Hola, cadetes!

Pregunte ¿A cuántos de ustedes les gusta la Navidad?

Pregunte ¿Qué es lo mejor de la Navidad?

- Es estupendo recibir obsequios en Navidad, pero los mejores regalos son los que les damos a los demás. Disfrutaremos más de nuestra vida cuando busquemos la manera de bendecir a otros.

- Dios, nuestro Padre, ¡es el mejor dador! Él bendice nuestra vida todos los días con protección, amor, favor, paz, gozo, etc.

- Así como acabamos de leer en 1 Corintios 2:12, podemos pedirle al Espíritu Santo que nos ayude a reconocer los dones de Dios en nuestra vida cada día.

- También debemos tomar tiempo para agradecerle a nuestro Padre celestial por Su bondad en nuestra vida. Podemos llamarle a ese momento: ¡Tiempo dedicado a Dios!

- Dedicamos nuestro tiempo a Dios cuando dejamos a un lado nuestras propias actividades y le agradecemos a Él porque está realizando algo especial en nuestra vida.

- ¡Tenemos algunos pequeños regalos que nos gustaría obsequiarles hoy!

- (Mientras los reparte, anime a los niños para que compartan y le expresen su agradecimiento al Padre por Su bondad diaria en la vida de ellos).

- Tomemos un momento para dedicarle tiempo a Dios y agradecerle por todos los regalos que Él nos da; y honrémoslo llevándole un obsequio: nuestras ofrendas.

Notas:

Serie: Una relación con nuestro Padre

El mejor amigo del mundo • Vol. 1/4.ª semana • *Academia de Superniños*

 **BOSQUEJO DE LA LECCIÓN** — **EL MEJOR AMIGO DEL MUNDO**

 **Versículo para memorizar:** "Cuando el amigo venga, el Espíritu de verdad, los llevará de la mano y los guiará hacia toda verdad". (Juan 16:13, *MSG*)

I. EL ESPÍRITU SANTO ES NUESTRO AYUDADOR Y NUESTRO GUÍA Juan 14:26
   a. El Espíritu Santo es un regalo del Padre.
   b. El Espíritu Santo continúa con la obra de Jesús en el mundo Juan 15:26
   c. El Espíritu Santo nos ayudará a tomar decisiones conforme a la voluntad de Dios.

II. EL ESPÍRITU SANTO NOS ENSEÑARÁ
   a. El Espíritu Santo nos guía a toda verdad Juan 16:13
   b. El Espíritu Santo nos enseñará acerca de las cosas que han de venir Juan 16:13
   c. Ser lleno del Espíritu Santo es como tener su propio ¡entrenador personal!

III. EL ESPÍRITU SANTO VIVE EN NOSOTROS
   a. Podemos pedirle a Dios que nos dé al Espíritu Santo Lucas 11:13
   b. Cuando recibimos al Espíritu Santo, ¡recibimos poder! Hechos 1:8
   c. Cuando el Espíritu Santo vive en nosotros, nos convertimos ¡en una fuerza poderosa!

 ***Una palabra del comandante Dana:*** El Espíritu Santo fue enviado desde el cielo para ser nuestro Amigo y nuestro Ayudador. Podemos pedirle que nos ayude a ser buenos amigos e interesarnos por las necesidades de los demás. Agradecerle al Padre cada día, por Sus regalos en nuestra vida, es una forma de honrarlo y de crecer en nuestra amistad con Él. Tomemos unos minutos y agradezcámosle a Dios por enviarnos al mejor amigo: ¡el Espíritu Santo!

Notas:

Academia de Superniños • Vol. 1/4.ª semana • El mejor amigo del mundo

LA COCINA DE LA ACADEMIA — COMBINACIONES

Tiempo necesario: 10 minutos

Versículo para memorizar: "Cuando el amigo venga, el Espíritu de verdad, los llevará de la mano y los guiará hacia toda verdad".
(Juan 16:13, *MSG*)

Consejo para el maestro: Por seguridad, si usted decide permitirles probar o tocar los alimentos, es importante que les pregunte a los niños si son alérgicos a algún alimento.

Implementos: ☐ Platos pequeños o tazones (si decide que los niños degusten de la comida), ☐ galletas, ☐ 2 vasos pequeños con leche, ☐ rodajas de queso, ☐ galletas saladas, ☐ helado de vainilla, ☐ jarabe de chocolate.

Antes de la clase:
Coloque los ingredientes sobre la mesa.

Instrucciones para la lección:

- ¡Hola, cadetes!
- En nuestra lección de cocina de hoy, hablaremos acerca de diferentes alimentos que juntos tienen un delicioso sabor.
- Permita que los niños seleccionen qué alimentos forman un buen equipo.
  (Ej: leche y galletas, queso y galletas saladas, helado y jarabe de chocolate).

Pregunte ¿Qué más puede formar un gran equipo?

- Ser un gran amigo y tener grandes amigos forma ¡un buen equipo! Podemos agradecerle a Dios por enviarnos al Espíritu Santo para que sea nuestro Consolador y nuestro Amigo.

Notas:

Serie: Una relación con nuestro Padre

LECCIÓN 5: SU LENGUAJE SECRETO

 **BIENVENIDA Y ORACIÓN**

 **VERSÍCULO PARA MEMORIZAR**

 **TIEMPO PARA JUGAR**

 **COMPLEMENTO 1: DRAMA**

 **OFRENDA**

 **BOSQUEJO DE LA LECCIÓN**

 **COMPLEMENTO 2: EL LABORATORIO DE LA ACADEMIA**

 **ORACIÓN, ANUNCIOS Y MATERIAL DE APOYO**

 **Versículo para memorizar:** «*Y estas señales seguirán a los que creen: En mi nombre echarán fuera demonios; hablarán nuevas lenguas*». (Marcos 16:17)

Serie: Una relación con nuestro Padre

Academia de Superniños • Vol. 1/5.ª semana • Su lenguaje secreto

Tiempo necesario: 8-10 minutos

Versículo para memorizar: «Y estas señales seguirán a los que creen: En mi nombre echarán fuera demonios; hablarán nuevas lenguas».

(Marcos 16:17)

Implementos: ■ 1 pliego grande de papel lustre, ■ 1 marcador, ■ 1 mensaje secreto, ■ 1 dado grande, ■ premios.

Antes de la clase:

Coloque una pizarra y una tiza, o un pliego de papel y un marcador, o una televisión conectada a una computadora frente al salón.

Prepare las claves de respuestas del mensaje secreto en su pantalla o pizarra. En la siguiente página encontrará dos claves de mensajes secretos y dos tableros para jugar, los cuales puede copiar o imprimir con antelación.

Prepare de antemano dos claves completas del mensaje para el maestro (puede colocar una copia en la pizarra, con las respuestas cubiertas). Esta actividad es similar al juego de "la rueda de la fortuna".

Cada espacio en el tablero representa una letra diferente del mensaje.

Instrucciones para la actividad:

- ¡Hola, cadetes!
- El día de hoy, tenemos una actividad muy emocionante, y será necesario que algunos actúen como detectives. Necesitaremos cuatro buenos detectives que ayuden a descifrar los dos mensajes secretos.
- Cada jugador lanzará el dado para decidir quién va primero, segundo, etc. El jugador con el número más alto empieza el juego. El primer jugador adivinará una letra, si ésta se encuentra en la frase, la escribirá (o tecleará) en la pizarra.
- El jugador 1 puede continuar mientras siga adivinando las letras que se encuentran en el mensaje secreto. Si falla en adivinar una, será el turno del jugador 2. Se jugará hasta que un jugador resuelva, de manera correcta, el mensaje secreto.
- Premie a los ganadores. Juegue varias veces más, dependiendo de la disponibilidad de su tiempo.

Objetivo del juego:

Ser el primer jugador que resuelva el mensaje secreto.

Aplicación:

Orar en el espíritu, o como algunos le llaman: orar en lenguas, es muy parecido a un mensaje secreto. Lo que hablamos en nuestra oración en lenguas es un misterio para todos, excepto para Dios; ¡Él es el único que tiene la respuesta!

Notas: _____

_____

_____

_____

_____

_____

Su lenguaje secreto • Vol. 1/5.ª semana • *Academia de Superniños*

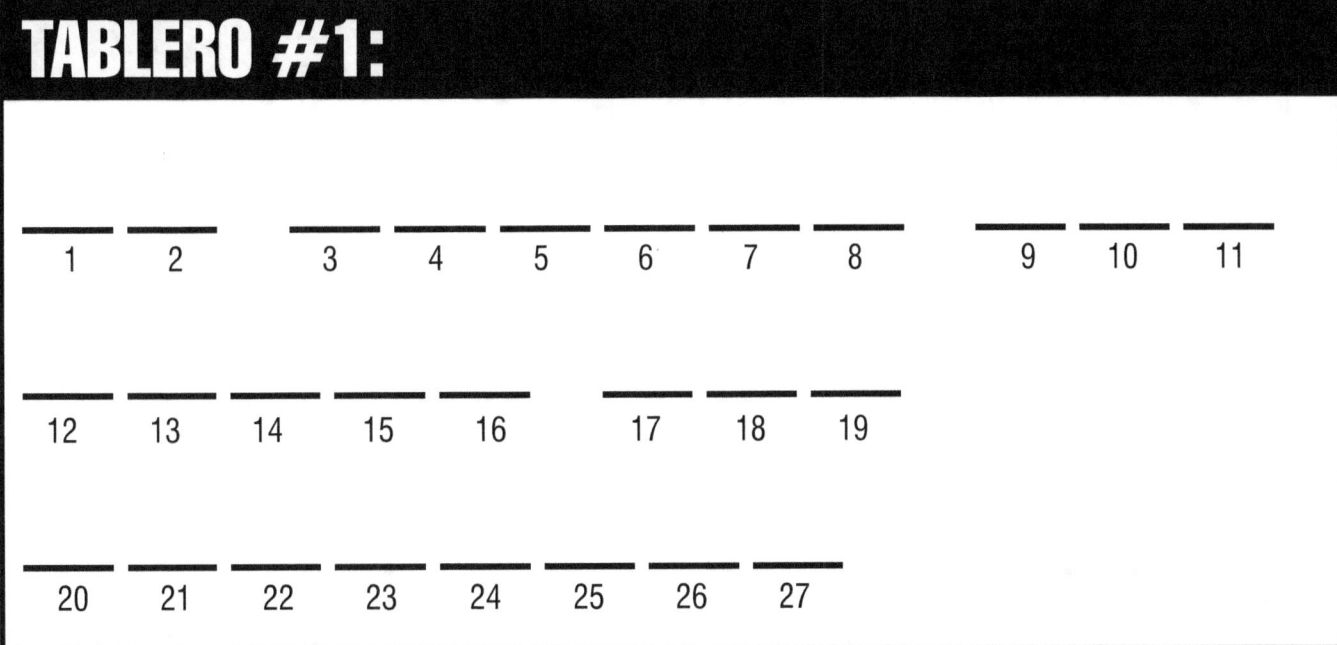

Mensaje secreto:
EL REGALO QUE JESÚS NOS PROMETIÓ

Respuesta:
EL ESPÍRITU SANTO

TABLERO #2:

___ ___ ___ ___ ___ ___ ___ ___ ___ ___
 1   2   3   4   5   6   7   8   9   10

___ ___ ___ ___ ___ ___ ___ ___ ___ ___ ___ ___ ___
11   12   13   14   15   16   17   18   19   20   21   22   23

___ ___ ___ ___ ___ ___ ___ ___ ___
24   25   26   27   28   29   30   31   32

CLAVE DEL MENSAJE SECRETO

A-2 5, 20 **B-0** **C-1** 27 **D-2** 3, 24, 30 **E-6** 1, 8, 9, 11, 25, 28 **F-0** **G-0** **H-0**

I-4 4, 14, 16, 31 **J-0** **K-0** **L-2** 2, 10 **M-0** **N-2** 21, 29 **O-2** 23, 32 **P-1** 13

Q-1 6 **R-1** 15 **S-3** 12, 19, 26 **T-2** 17, 22 **U-2** 7, 18 **V-0** **W-0** **X-0**

Y-0 **Z-0**

Mensaje secreto:
EL DÍA QUE EL ESPÍRITU SANTO DESCENDIÓ

Respuesta:
PENTECOSTÉS

Su lenguaje secreto • Vol. 1/5.ª semana • *Academia de Superniños*

 **DRAMA** TIMMY & JIMMY: "UN NUEVO LENGUAJE"

Descripción de los personajes:

Timmy es el mejor amigo de Jimmy; sin embargo, son muy distintos. Ambos son únicos en su forma de ser, y aprecian y aprenden de las diferencias uno del otro.

Jimmy es inteligente, le gusta divertirse, y posee un enfoque único para interpretar las Escrituras.

Timmy es inteligente y tiene un sentido del humor irónico, y le agrada examinar el significado de las Escrituras con Jimmy.

Disfraces:

Timmy - camisa tipo polo y pantalones cortos
Jimmy - playera con un diseño o mensaje absurdo, *jeans* y gorra

(La historia inicia con Jimmy en el escenario haciendo expresiones raras con su boca y sancando su lengua).

JIMMY:
Pasa, Timmy. Sólo estoy calentando para "hablar en lenguas".

TIMMY:
¿Calentando para hablar en lenguas?

JIMMY:
Sí. Bueno, aún estoy aprendiendo.

TIMMY:
¿Quieres que me vaya?

JIMMY:
No, puedes quedarte. Mientras no te incomode que practique.

TIMMY:
Continúa.

JIMMY:
Take a taco. Take a taco. Take a taco.

TIMMY:
Parece como si estuvieras hablando Inglés.

JIMMY:
Sí, es Inglés.

TIMMY:
Pensé que hablarías en lenguas.

Serie: Una relación con nuestro Padre

JIMMY:
Sí, lo hice.

TIMMY:
No, ése es Inglés.

JIMMY:
Es lo mismo.

TIMMY:
No, no lo es. Hablar en lenguas es hablar en un nuevo lenguaje.

JIMMY:
Lo sé, el Inglés es un nuevo lenguaje. Jamás lo había hablado.

TIMMY:
A veces no comprendo por qué somos buenos amigos.

JIMMY:
Porque nos conocemos desde que teníamos dos años y teníamos la misma pijama de *Spiderman*.

TIMMY:
Por última vez, ¡deja de hablar de esas pijamas!
Como te decía, hablar en lenguas no es hablar Inglés.

JIMMY:
¿Ruso? ¡Das vee don ya!

TIMMY:
¡No! es…

JIMMY: **(interrumpe)**
¿Chino? ¡Nee-how!

TIMMY:
¡Jimmy! Hablar en lenguas no es hablar en ninguno de esos idiomas; es un lenguaje secreto, un lenguaje de oración.

JIMMY:
Cuando era pequeño inventé mi propio lenguaje secreto, y le llamaba Jimmish.

TIMMY:
Sorprendente (con una mirada irónica) ¿Dónde estábamos? Oh sí, las lenguas es un lenguaje secreto o un idioma para orar entre tú y Dios.

JIMMY:
¡Grandioso! Y ¿cómo lo aprendo? Espero que no sea difícil.
He estudiado Inglés durante toda la semana y mi cerebro está un poco confundido.

TIMMY:
Eso es lo más sorprendente acerca de tu lenguaje de oración, no tienes que aprenderlo. El lenguaje del Espíritu Santo es un regalo especial de Dios para nosotros. Sólo debemos creer y pedírselo al Señor.

JIMMY:
Eso es mucho más fácil ¡que aprender Inglés!
¿Sólo debo creer y pedir? ¿Y luego qué?

TIMMY:
El Espíritu Santo te dará las palabras.
Y ni siquiera tienes que inventarlas.

JIMMY:
¡Qué bien! Pues tardé tres semanas para inventar una palabra para decir palomitas de maíz en el idioma Jimmish.

TIMMY:
¡Qué exagerado!

JIMMY:
Dímelo a mí. ¡Oye! Después de pedirle al Espíritu Santo que me dé mi nuevo lenguaje para orar, ¿quieres ir por un helado?

TIMMY:
Seguro.

JIMMY:
¡Dame cinco por el helado! ¡Oh sí!

(Jimmy le da a Timmy los cinco con fuerza, Timmy se sacude la mano del dolor y luego salen).

Notas:

Academia de Superniños • Vol. 1/5.ª semana • Su lenguaje secreto

OFRENDA — EN LA CIMA

Tiempo necesario: 10 minutos

Versículo para la ofrenda: "Canto con todas mis fuerzas porque he sido saciado de oraciones contestadas".

(Salmos 13:6, *MSG*)

Consejo para el maestro: Por seguridad, si usted decide permitirles probar o tocar los alimentos, es importante que les pregunte a los niños si son alérgicos a algún alimento.

Implementos: ■ 2 bolas de helado de vainilla, ■ 1 lata de cerveza de raíz, ■ 1 cuchara para servir helado, ■ 1 vaso grande de vidrio.

Instrucciones para la lección:

- Para la demostración en nuestra lección de la ofrenda, hemos traído algunos deliciosos ingredientes. Tenemos un vaso grande de vidrio, un poco de helado y una lata de cerveza de raíz sin alcohol.

 **Pregunte** ¿Alguien puede decirme qué prepararemos?

- ¡Sí, un refresco bien frío! Antes de combinar todos los ingredientes, leamos juntos nuestra cita para la ofrenda, Salmos 13:6.

- (Combine los ingredientes mientras ellos hablan acerca de este versículo).

- Imaginemos que este vaso es como nuestra vida. El helado representa nuestras oraciones contestadas, y la cerveza de raíz (agregue lo suficiente hasta que se desborde) somos nosotros cantando a gran voz, adorando a Dios. Tenemos mucho por qué agradecer; por tanto, esa alabanza y nuestro canto al Señor ¡se desbordará de nuestro interior!

- Cadetes, cuando comprendemos cuán agradecidos estamos por la bondad de Dios en nuestra vida, nuestro corazón desbordará de cánticos para Él; ¡así como rebosa esta cerveza de raíz! Por tanto, no intenten detener ese fluir de alabanza.

Notas: _____

_____

_____

_____

_____

_____

_____

_____

_____

Serie: Una relación con nuestro Padre

Su lenguaje secreto • Vol. 1/5.ª semana • Academia de Superniños

BOSQUEJO DE LA LECCIÓN — SU LENGUAJE SECRETO

Versículo para memorizar: «Y estas señales seguirán a los que creen: En mi nombre echarán fuera demonios; hablarán nuevas lenguas».

(Marcos 16:17)

I. NUESTRO PADRE NOS PROMETIÓ UN MARAVILLOSO REGALO Hechos 1:4
a. Jesús declaró que recibir al Espíritu Santo era un bautismo Hechos 1:5
b. En el bautismo en agua uno queda completamente mojado.
c. En el bautismo en el Espíritu Santo uno queda ¡completamente lleno!

II. EL ESPÍRITU SANTO VINO A NOSOTROS DE FORMA AUDIBLE Y VISIBLE Hechos 2:1-3
a. El Espíritu Santo no vino a la Tierra de manera discreta.
b. Se escuchó como un viento recio y se veía como fuego.
c. Grandes cosas suceden ¡cuando los hijos de Dios se unen en un mismo sentir!

III. UN LENGUAJE CELESTIAL SE ENCUENTRA A DISPOSICIÓN DE TODOS
a. En la Palabra se le llama: hablar en otras lenguas Hechos 2:4
b. En nuestro lenguaje de oración, nuestro espíritu habla con Dios de manera directa 1 Corintios 14:2
c. El bautismo del Espíritu Santo conlleva poder para ser testigos Hechos 2:8

Una palabra del comandante Dana: Ésta es una gran oportunidad para compartir acerca del poder que se describe en la Palabra, y que se encuentra a nuestra disposición, cuando recibimos al Espíritu Santo y oramos en un nuevo lenguaje o hablamos en otras lenguas. Jesús envió al Espíritu Santo para ayudarnos y consolarnos. Podemos utilizar nuestro lenguaje de oración cuando no estamos muy seguros de qué orar (Romanos 8:26-27).

Para guiar a los niños, a fin de que reciban su lenguaje de oración, sigamos las instrucciones que encontramos en Hechos 19:6; oremos con ellos, impongamos manos sobre ellos y luego oremos juntos en el espíritu.

Notas:

_____
_____
_____
_____
_____

Serie: Una relación con nuestro Padre

Academia de Superniños • Vol. 1/5.ª semana • Su lenguaje secreto

EL LABORATORIO DE LA ACADEMIA

¿QUÉ DIJO?

 **Tiempo necesario:** 10 minutos

 **Versículo para memorizar:** «Y estas señales seguirán a los que creen: En mi nombre echarán fuera demonios; hablarán nuevas lenguas». (Marcos 16:17)

 Consejo para el maestro: Por seguridad en el desempeño de esta demostración, sugerimos que intente realizar este experimento en casa, antes de realizarlo en la clase.

Implementos: ☐ Agua, ☐ bicarbonato, ☐ hisopos, ☐ una hoja de papel blanco, ☐ una lámpara o jugo de uva, ☐ 1 pincel pequeño.

Instrucciones para la presentación:

Pregunte ¿Alguno de ustedes tiene una manera especial de comunicarse o de realizar cosas con su mejor amigo que sólo los dos pueden entender?

- Hoy tendremos la oportunidad de escribir nuestro propio mensaje secreto. ¡Crearemos nuestro propia tinta invisible!

1. Mezcle partes iguales de agua y bicarbonato (dos cucharadas de cada uno).
2. Quite un poco de algodón del hisopo para formar una punta para escribir. Humedezca el algodón para que escribir sea más fácil.
3. Meta el hisopo en la solución de bicarbonato y luego escriba un mensaje sobre el papel blanco (Ej: Dios ha creado un lenguaje secreto de oración para usted).
4. Deje secando el mensaje, mientras continúa con la lección.

Instrucciones para la presentación:

Pregunte ¿Alguien tiene curiosidad de saber qué está escrito en el papel?

- ¡Es divertido descifrar mensajes secretos!
- Hablemos de un lenguaje de oración especial que sólo existe entre cada uno de nosotros y Dios.
- En nuestro versículo para memorizar de hoy, aprendimos que Dios tiene un lenguaje especial de oración a nuestra disposición; y cuando decidimos orar en el espíritu, compartimos el sentir de nuestro corazón con Dios. Cuando oramos en el espíritu, sólo Él sabe lo que oramos; es como enviarle de forma directa un mensaje especial a Dios.
- Hablando de mensajes secretos especiales, ahora sería un buen momento para revelar el mensaje secreto escrito en el papel.

5. Sostenga el papel seco frente a la bombilla de la lámpara (mantenga la lámpara encendida, mientras enseña, para que la bombilla se caliente). El calor de ésta producirá que la escritura en el papel se vuelva color café ¡y el mensaje será revelado!

O

6. Pinte el papel con el jugo de uva (el jugo concentrado hará que el mensaje sea aún más visible). La reacción química entre el bicarbonato y el jugo de uva producirá que el mensaje cambie de color.

- Tener un lenguaje de oración especial que sólo se comparte con Dios ¡es un regalo sorprendente!

Serie: Una relación con nuestro Padre

LECCIÓN 6: ¡PIENSEN EN GRANDE!

 **BIENVENIDA Y ORACIÓN**

 **VERSÍCULO PARA MEMORIZAR**

 **TIEMPO PARA JUGAR**

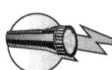 **COMPLEMENTO 1: CASO REAL**

 **OFRENDA**

 **BOSQUEJO DE LA LECCIÓN**

 **COMPLEMENTO 2: LA COCINA DE LA ACADEMIA**

 **ORACIÓN, ANUNCIOS Y MATERIAL DE APOYO**

 **Versículo para memorizar:** «Y nosotros no hemos recibido el espíritu del mundo, sino el Espíritu que proviene de Dios, para que sepamos lo que Dios nos ha concedido».
(1 Corintios 2:12)

Serie: Conociendo al Padre a través de Su Palabra

Academia de Superniños • Vol. 1/6.ª semana • ¡PIENSEN EN GRANDE!

 **TIEMPO PARA JUGAR** — **MÚSCULO MANÍA**

 **Tiempo necesario:** 8-10 minutos

 **Versículo para memorizar:** «*Y nosotros no hemos recibido el espíritu del mundo, sino el Espíritu que proviene de Dios, para que sepamos lo que Dios nos ha concedido*». (1 Corintios 2:12)

Implementos: ☐ 2 trajes de pintor, ☐ globos rosados, ☐ globos azules, ☐ música movida para escuchar durante la actividad.

Antes de la clase:
Coloque los 10 globos rosados al lado de uno de los trajes de pintor y los 10 globos azules junto al otro.

Instrucciones para la actividad:
- Forme un equipo de cinco niños y uno de cinco niñas.
- Designe a un jugador por equipo para que vista el traje de pintor (el traje de músculos).
- Los demás jugadores inflarán los globos y los colocarán dentro del traje para darle la apariencia de músculos.
- El primer equipo que infle los 10 globos, los coloque dentro del traje y cierre el traje, ¡gana!

Aplicación:
En el versículo para memorizar de hoy leemos: «*Y nosotros no hemos recibido el espíritu del mundo, sino el Espíritu que proviene de Dios, para que sepamos lo que Dios nos ha concedido*» (1 Corintios 2:12). En la primera parte de este capítulo, podemos observar que Dios tiene grandes planes y pensamientos para nosotros. Siempre podemos estar a la expectativa de que Él tiene GRANDES y creativas ideas para ayudarnos.

En nuestra actividad, trabajamos como equipo para crear a alguien musculoso; las personas musculosas deben ejercitarse bastante y durante mucho tiempo para que sus músculos crezcan. Sin embargo, aunque los pensamientos de Dios para nosotros son GRANDES, no debemos esforzarnos para recibirlos. Él nos ha dado Su Espíritu, a fin de que podamos conocer todas las cosas maravillosas ¡que nos ha obsequiado! Quizá las personas musculosas piensen que son GRANDES, pero con Dios nosotros ¡sí somos GRANDES!

Notas:

¡PIENSEN EN GRANDE! • Vol. 1/6.ª Semana • *Academia de Superniños*

CASO REAL: LA CASA DE BILTMORE

Concepto: Destacar un histórico e interesante lugar, personaje o evento que ejemplifique la lección del día. Hoy hablaremos acerca de cómo pedirle a Dios que nos ayude a pensar en ¡GRANDE!

Consejo para el maestro: Utilizar un disfraz atrae la atención del Superniño. Es de gran ayuda usar imágenes cuando les enseña.

Consejo para involucrar a los adolescentes: Repasar la cita bíblica antes de iniciar la clase e involucrar a los adolescentes como auxiliares es una gran forma de mantener a los niños involucrados y atentos.

Implementos: ☐ 1 sombrero, ☐ traje y corbatín, ☐ 1 bigote.

INTRODUCCIÓN:

- Hoy nos enfocaremos en pensar en GRANDE, y como hemos aprendido, ningún pensamiento es más grande que los de Dios. En nuestra lección del caso real, aprenderemos acerca de un hombre llamado George Vanderbilt.

LECCIÓN:

Acerca de George Vanderbilt:

- George Vanderbilt fue un GRAN pensador. Nació en 1800 y perteneció a una de las familias más adineradas en Estados Unidos, lo cual le brindó muchas oportunidades de viajar por todo el mundo.
- A George le gustaba tanto leer que a los 10 años ya tenía su propia colección de libros y de arte. Él leía aproximadamente 81 libros al año. Tanta lectura y aprendizaje le ayudó a estimular su imaginación.

Una GRAN idea: La casa Biltmore:

- George tenía un GRAN sueño. Él deseaba diseñar y ayudar a construir la casa más grande en Estados Unidos. El nombre de la mansión es: La casa Biltmore, y se contruyó en Carolina del Norte. Lo cual requirió seis años para su construcción.

¿Qué tan GRANDE es?

EXTENSIÓN TERRITORIAL: 8,000 acres

LA CASA: 53,340 metros cuadrados (casi 88 casas del tamaño promedio)

LADRILLOS: Se utilizaron más de 11 millones para construir esta casa.

Avances modernos:

- George de continuo estuvo aprendiendo de inventores e ingenieros cómo a incorporar servicios modernos. Algunos de los que George pudo implementar en la casa fueron: electricidad, alarmas contra incendios, elevadores, intercomunicadores, una piscina, pista de boliche, y mucho más. Ahora bien, ¡eso es pensar en GRANDE!

Serie: Conociendo al Padre a través de Su Palabra

Haciendo historia:

- La casa Biltmore aún le pertenece a la familia Vanderbilt, y la visitan, aproximadamente un millón de turistas cada año.

CONCLUSIÓN:

- Podemos pedirle a Dios que nos ayude a pensar en GRANDE y descubrir formas creativas de ayudar a los demás. Servimos a un Dios GRANDE y es un honor vivir cada día confiando y dependiendo de Él. George Vanderbilt cumplió sus GRANDES sueños, y Dios puede ayudarnos a vivir nuestros sueños e ideas más GRANDES.

- Nadie puede pensar más grande que Dios, ¡Él inventó todo el mundo y a las personas! Sin embargo, George Vanderbilt en definitiva pensó en GRANDE cuando construyó la casa más grande y sorprendente de Estados Unidos. Por esa razón, él y la casa Biltmore nos muestran el caso real de hoy.

Notas:

OFRENDA — ALGO SORPRENDENTE

Tiempo necesario: 10 minutos

Versículo para recibir la ofrenda: "¡Magnificado sea el Señor quien se deleita en la prosperidad de Su siervo!".

(Salmos 35:27, *AMP*)

Implementos: ◼ 1 lupa, ◼ objetos para "examinar".

Instrucciones para la lección:

- ¡Hola, cadetes!

Pregunte ¿Alguna vez ha utilizado alguien una lupa?

Pregunte ¿Alguien puede decirnos para qué se usa una lupa?

- Necesitaremos dos Superniños voluntarios para que utilicen la lupa y examinen estos objetos.

- ¡Gracias, Superniños! Nos divertimos examinando estos objetos con nuestra lupa; ahora, leamos nuestro versículo de la ofrenda de hoy y veamos cómo se relaciona con nuestra lección.

- "¡Magnificado sea el Señor, quien se deleita en la prosperidad de Su siervo!".

- En este versículo, se nos habla de magnificar o exaltar a Dios. **Exaltar** significa: "Honrar, alabar o glorificar". Dios es tan grandioso y sorprendente que tenemos la oportunidad de deleitarnos en exaltarlo.

- En la segunda parte de este versículo, se nos enseña que Dios es feliz cuando vivimos de la manera que a Él le agrada. Cuando vivimos para amar a Dios con todo nuestro corazón y amamos a los demás, cumplimos Su más grande mandamiento.

- Sigamos expresando nuestro amor y agradecimiento a Dios, mientras nos presentamos a Él con nuestras ofrendas.

Notas:

Academia de Superniños • Vol. 1/6.ª semana • ¡PIENSEN EN GRANDE!

BOSQUEJO DE LA LECCIÓN — ¡PIENSEN EN GRANDE!

Versículo para memorizar: «*Y nosotros no hemos recibido el espíritu del mundo, sino el Espíritu que proviene de Dios, para que sepamos lo que Dios nos ha concedido*». (1 Corintios 2:12)

I. NUESTRO PADRE PIENSA EN GRANDE
  a. Dios creó un planeta GRANDE y hermoso para que lo disfrutemos.
  b. Dios pensó en GRANDE cuando nos creó a Su imagen Génesis 1:26
  c. Nuestro Padre pensó en GRANDE cuando sacrificó a Su Hijo para salvarnos Juan 3:16

II. DIOS ANHELA QUE SUS HIJOS TAMBIÉN PIENSEN EN GRANDE Génesis 1:28
  a. A Adán y a Eva se les entregó un planeta entero para que lo gobernaran.
  b. Tan pronto como tuvieron pensamientos pequeños y no conforme al corazón de Dios, ¡los problemas surgieron!
  c. Jesús vino a la Tierra, a fin de que pudiéramos tener una vida ¡GRANDE y satisfactoria! Juan 10:10

III. NUESTRO PADRE CONCEDERÁ LOS DESEOS DE NUESTRO CORAZÓN Salmos 37:4
  a. Nuestra manera de pensar determinará lo que seremos Proverbios 23:7
  b. Con Dios, una persona pequeña se hace grande 1 Samuel 16:11-13
  c. Nuestro Padre no piensa en pequeño; por tanto, ¡tampoco Sus hijos ¡deberían pensar así!

Una palabra del comandante Dana: Ésta es una gran oportunidad para realizar una discusión acerca de pensar en GRANDE. Indíqueles que cierren sus ojos y que piensen algo realmente grande que puedan realizar en sus vidas. Anime a los cadetes a compartir sus GRANDES sueños, y rételos a vivir en GRANDE para Jesús. Dios nos ama y nos creó para que lo amemos y les sirvamos a los demás. Ésta es una gran semana para el cumplimiento de la profecía que el hermano Copeland dio acerca de una generación que cambiará sus pensamientos por los de Él. En 1 Corintios 2:16 e Isaías 55:7, 11, leemos cuáles son Sus pensamientos. Es muy importante que se derribe el argumento religioso que asegura que los pensamientos de Dios no sólo son más altos, sino que también son inaccesibles para nosotros.

Notas:

¡PIENSEN EN GRANDE! • Vol. 1/6.ª Semana • *Academia de Superniños*

LA COCINA DE LA ACADEMIA — MÁS GRANDE Y MEJOR

Tiempo necesario: 10 minutos

Versículo para memorizar: «Y nosotros no hemos recibido el espíritu del mundo, sino el Espíritu que proviene de Dios, para que sepamos lo que Dios nos ha concedido».

(1 Corintios 2:12)

Consejo para el maestro: El merengue en polvo puede comprarse en la mayoría de tiendas de manualidades y de decoración para interiores, o en cualquier tienda donde vendan implementos para decorar pastel. Una buena opción es utilizar claras de huevo. Por seguridad, si usted decide permitirles probar o tocar los alimentos, es importante que les pregunte a los niños si son alérgicos a algún alimento.

Implementos: ☐ 1 tazón de vidrio mediano para mezclar, ☐ 1 batidora eléctrica de mano, ☐ medidores, ☐ 1 cuchara grande para servir, ☐ 1 cuchillo de plástico, ☐ 1 espátula de cocina, ☐ platos pequeños desechables, ☐ tenedores plásticos, ☐ servilletas.

Receta:

1 masa para tarta
1 lata de relleno de tarta de limón, o puede utilizar pudín de limón
1 cuchara grande de merengue en polvo
1/4 taza de agua fría
6 cucharadas grandes + 2 cucharaditas de azúcar

Antes de la clase:

- Preparare la cubierta para tarta en casa, ya que toma 10 minutos para batir. Lleve los ingredientes y muéstrele a los cadetes qué utilizó, y enfatice en cómo algo puede convertirse en algo GRANDE.

1. Prepare el merengue de acuerdo con las instrucciones incluidas en el empaque.
2. Refrigérelo. Lleve a la clase el relleno para la masa de la tarta ya preparado.
3. Durante la clase: Con una cuchara, agregue el merengue sobre la masa de la tarta; entre más le agregue, mejor. Recuerde que en toda su lección debe enseñarles a los niños que deben pensar en GRANDE, ¡así como Dios!

Instrucciones para la lección:

- ¡Hola, cadetes! El día de hoy, tomaremos una tarta ordinaria de limón y la convertiremos en algo GRANDE y especial.
- El merengue en polvo me recuerda nuestros pensamientos. A veces pensamos tanto en nosotros mismos que éstos se parecen a este merengue en polvo: pequeño y sin sabor.
- Cuando nos enfocamos en amar a Dios y le pedimos que nos muestre cómo bendecir a los demás, estamos pensando en una forma creativa y GRANDE, ¡al igual que Dios!
- Por tanto, unamos los ingredientes para hacer una deliciosa tarta.

Pregunte Cadetes, ¿pueden observar cuán GRANDE se convierte la tarta cuando le agregamos más merengue?

- Lo podemos comparar cuando le añadimos los buenos pensamientos de Dios a nuestra vida. Mientras más pensemos en lo bueno, más viviremos y experimentaremos lo bueno.

Serie: Conociendo al Padre a través de Su Palabra

Notas:

LECCIÓN 7: ES VERDAD

- BIENVENIDA Y ORACIÓN
- VERSÍCULO PARA MEMORIZAR
- TIEMPO PARA JUGAR
- COMPLEMENTO 1: DRAMA
- OFRENDA
- BOSQUEJO DE LA LECCIÓN
- COMPLEMENTO 2: LECCIÓN PRÁCTICA
- ORACIÓN, ANUNCIOS Y MATERIAL DE APOYO

Versículo para memorizar: «Y conoceréis la verdad, y la verdad os hará libres».
(Juan 8:32)

Serie: Conociendo al Padre a través de Su Palabra

Academia de Superniños • Vol. 1/7.ª semana • Es verdad

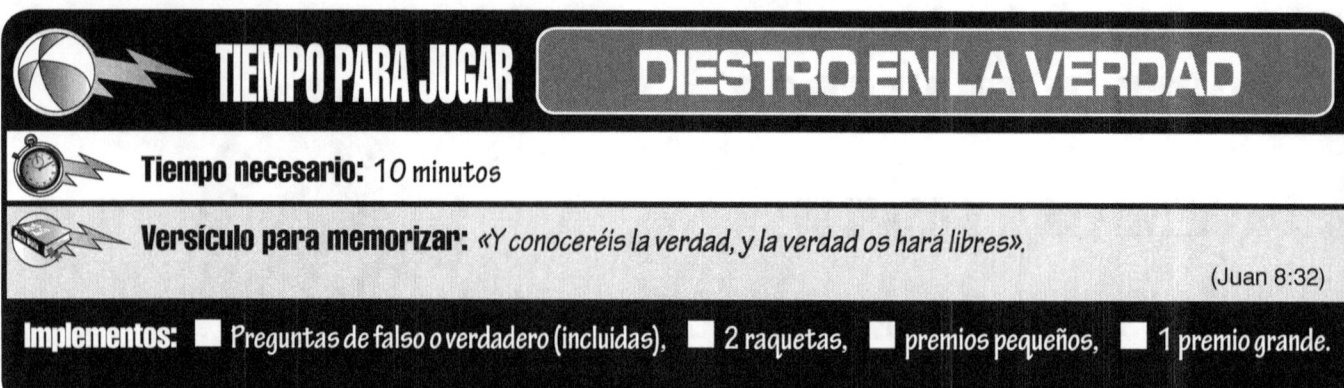

TIEMPO PARA JUGAR — DIESTRO EN LA VERDAD

Tiempo necesario: 10 minutos

Versículo para memorizar: «*Y conoceréis la verdad, y la verdad os hará libres*».

(Juan 8:32)

Implementos: ■ Preguntas de falso o verdadero (incluidas), ■ 2 raquetas, ■ premios pequeños, ■ 1 premio grande.

Antes de la clase:

Utilice 2 raquetas de *ping-pong* o rótulos con asas, y escriba en cada uno "verdadero" en un lado y "falso" en el otro.

Forme dos filas de Superniños frente a la audiencia.

El primer niño de la fila sostendrá la raqueta.

Mientras lee las preguntas o las declaraciones, se mostrará el lado "verdadero" o el lado "falso".

Instrucciones para la actividad:

- Puede ser un reto reconocer la verdad, pero podemos pedirle ayuda a Dios y al Espíritu en cualquier situación.
- En la actividad de hoy, nos retaremos para reconocer cuáles declaraciones son falsas y cuáles son verdaderas.
- Quien muestre primero el lado correcto de la raqueta, gana un premio pequeño.
- Los próximos participantes darán un paso al frente (mientras que los primeros van a la parte posterior de la fila) para responder la siguiente pregunta.
- El primer Superniño que responda tres preguntas de forma correcta gana el premio grande.

Objetivo del juego:

Retar a los cadetes para que reconozcan la verdad con rapidez.

Aplicación:

Reconocer la verdad es importante durante nuestras interacciones y actividades diarias. Jesús declaró en Juan 8:32: «*y conoceréis la verdad, y la verdad os hará libres*». A medida que mantengamos nuestra mirada en Jesús, amándolo a Él y a los demás, será más fácil identificar la verdad cuando la veamos o la escuchemos.

Notas:

TIEMPO PARA JUGAR — DIESTRO EN LA VERDAD

PREGUNTAS DE FALSO O VERDADERO

1. ¿Construyó Moisés el arca como Dios le indicó?
   FALSO - Noé construyó el arca. Génesis 6:13-14

2. ¿Nació Jesús en Nazaret?
   FALSO - En realidad, Él nació en Belén. Mateo 2:1

3. ¿Nació Isaac cuando Abraham tenía 100 años?
   VERDADERO - Génesis 21:5

4. ¿Viene la fe al confesar la Palabra?
   FALSO - La fe viene por oír la Palabra. Romanos 10:17

5. ¿Multiplicó Jesús cinco panes y dos peces?
   VERDADERO - Juan 6:9

6. ¿Tenía José 12 hermanos?
   FALSO - José tenía 11 hermanos; incluyéndolo a él eran 12. Éxodo 1:1-5

7. ¿Pagó Pedro sus impuestos yendo a pescar?
   VERDADERO - Mateo 17:24-27

8. ¿Son los dos mandamientos más importantes orar y ayunar?
   FALSO - El mayor mandamiento es iamar a Dios y a nuestro prójimo! Mateo 22:36-39

9. ¿Fueron los pastores a ver a Jesús cuando nació?
   VERDADERO - Lucas 2:15-16

10. ¿Es el banano un fruto del espíritu?
    FALSO - Lea Gálatas 5:22-23

11. ¿Medía Goliat seis codos y un palmo (casi 3 metros)?
    VERDADERO - 1 Samuel 17:4

12. ¿Realizó Jesús Su primer milagro por Su madre?
    VERDADERO - Juan 2:1-11

13. ¿Trabajó Marta en la cocina en lugar de escuchar a Jesús?
    VERDADERO - Lucas 10:40-42

14. ¿Derrotó Josafat a un ejército entero con música?
    VERDADERO - 2 Crónicas 20:22

15. ¿Recibió el primer hijo de Isaac su bendición?
    FALSO - Esaú le vendió la progenitura a su hermano menor Jacob. Génesis 25:30-33

16. ¿Predicó Pablo donde alguien murió?
    VERDADERO - Hechos 20:9

17. ¿Es el diezmo el 5% de nuestro ingreso?
    FALSO - Es el 10%. Levítico 27:30, 32

18. ¿Formaban 300 hombres el ejército de Gedeón?
    VERDADERO - Jueces 7:7

19. ¿Le agradecieron cinco leprosos a Jesús por su sanidad?
    FALSO - ¡Sólo uno le agradeció! Lucas 17:17

20. ¿Se menciona en la Biblia una asna que habla?
    VERDADERO - Números 22:28

Notas: _____
_____
_____

Academia de Superniños • Vol. 1/7.ª semana • Es verdad

EL MEJOR DE LOS CASOS: "LA VERDAD LOS HARÁ LIBRES"

Concepto: Al estilo *reality show*, una variación del programa estadounidense llamado: "El peor de los casos". Éste enfatiza la vida de niños que han encontrado retos, pero que los han vencido con el poder de Dios y Su Palabra. Presentado por un narrador de programa de televisión.

Personajes:
Narrador
Mamá
Ty (hijo)

Implementos: ☐ 1 mesa y 2 sillas, ☐ 1 juego de cartas.

(Comienza con el narrador a un lado del escenario)

NARRADOR:
Bienvenidos a "El mejor de los casos", el programa que les permite observar la vida diaria de niños cristianos.

Quizá ustedes piensen: "¿Qué hay de emocionante en eso?" Quédense con nosotros y les mostraremos. En un momento veremos cómo una situación desafiante se convirtió en "El mejor de los casos".

El tema del programa de hoy es: "La verdad los hará libres".

(La mamá y Ty están jugando cartas en la mesa)

TY:
¡¿Quién es el campeón, AHORA?! ¡Que el campeón actual lo escuche!

MAMÁ:
¡Así se hace, campeón! ¡Me impresionan tus habilidades para jugar cartas! Pero es hora de que prepare la cena.

TY:
¡Genial! Estoy hambriento después de ganar ¡tantas veces! ¿Qué cenaremos hoy?

MAMÁ:
Sobras. Es asombroso que nos haya quedado tanta comida de la barbacoa; entonces esta noche ¡no cocinaré!

TY:
(Ty demuestra que la idea le desagrada) Mamá.

MAMÁ:
¿Qué pasa?

TY:
No estoy muy seguro de que quiera cenar sobras hoy.

MAMÁ:
¿Por qué no? Pensé que te gustaban, en especial si son de la barbacoa de papá.

Serie: Conociendo al Padre a través de Su Palabra

TY:
Sí me gustan, pero no creo que haya quedado algo.

MAMÁ:
Tenemos toda una cacerola de pollo. Estoy segura de que habrá suficiente para todos.

TY:
(En voz baja) Sí, bueno, ya me lo comí.

MAMÁ:
¿Cómo?

TY:
(Tosiendo) Yo me lo comí.

MAMÁ:
¡¿Todo el pollo?!

TY:
Sí, mamá.

MAMÁ:
Bueno, quedaron algunas guarniciones.

TY:
Ummm.

MAMÁ:
¿También te las comiste? ¿Cuándo?

TY:
Anoche sentí mucha hambre.

MAMÁ:
¡Ty!

TY:
Lo siento, mamá. Necesitaba comer un bocadillo anoche.

MAMÁ:
De seguro el juego de futból soccer se prolongó, y eso te dio mucha hambre. La próxima vez que estés hambriento, ¿qué te parece si me lo dices primero?

TY:
Sí, mamá. Discúlpame.

MAMÁ:
Ty, estoy orgullosa de ti por ser sincero. Decir la verdad es muy importante, y honramos a Dios cuando somos sinceros. Bien, ya es muy tarde, entonces preguntémosle a tu padre si salimos a cenar.

(Mamá sonríe y le frota la cabeza a Ty mientras salen.
Ahora la atención debe centrarse en el narrador al lado del escenario)

NARRADOR:
Ahí lo tienen, el mejor de los casos. A veces, decir la verdad es un reto, en especial cuando hay consecuencias. Al decir la verdad, Ty aprende a ser una persona de palabra, demuestra honor y respeto a sus padres; entonces ellos confiarán más en él y le darán más responsabilidades.

(El narrador sale)

Academia de Superniños • Vol. 1/7.ª semana • Es verdad

OFRENDA — EL EXPERIMENTO DE DAR

Tiempo necesario: 10 minutos

Versículo para recibir la ofrenda: "Den con libertad y de manera espontánea, ni con un corazón tacaño, pues su actitud en cuanto a estas cosas causa que Dios y Sus bendiciones se manifiesten en todo lo que hagan". (Deuteronomio 15:10, *MSG*)

Implementos: ☐ 10 billetes de 1 dólar, ☐ 1 cuaderno pequeño de notas, ☐ 1 lapicero.

Instrucciones para la lección:

- Hoy realizaremos un experimento. Para ello necesitaremos dinero y veremos la importancia de lo que decidimos hacer con el incremento y el favor de Dios sobre nuestra vida.

- Las instrucciones de este experimento guardan una estrecha relación con la cita: "Den con libertad y de manera espontánea, ni con un corazón tacaño, pues su actitud en cuanto a estas cosas causa que Dios y Sus bendiciones se manifiesten en todo lo que hagan" (Deuteronomio 15:10, *MSG*).

- Tenemos 10 dólares y necesitaremos que un Superniño nos ayude con el experimento.

- ¡Bien! Este valiente voluntario es libre de utilizar estos 10 dólares en lo que desee. SIN EMBARGO, también necesitaremos que escriban cómo decidió utilizar cada dólar.

- Queremos detalles de dónde dio, cuánto dio, por qué decidió dar y a quién le dio.

- Será grandioso ver cómo Dios te ayuda a bendecir a los demás con este dinero. Continuaremos la semana siguiente con este divertido y desafiante experimento.

- Repitamos nuestro versículo para recibir la ofrenda.

- A Dios le importa el dinero y cómo lo utilizamos. Queremos honrar a Dios siendo buenos mayordomos con todas las bendiciones que Él le da a nuestra vida. Tomemos un momento y honremos al Señor con nuestra ofrenda.

Consejo para el maestro: Déle seguimiento a su Superniño después de este experimento. ¡Compártales la semana siguiente cualquier resultado positivo al resto de sus cadetes!

Notas: _____

_____

_____

_____

Serie: Conociendo al Padre a través de Su Palabra

Es verdad • Vol. 1/7.ª semana • Academia de Superniños

 **BOSQUEJO DE LA LECCIÓN** — **ES VERDAD**

 **Versículo para memorizar:** «*Y conoceréis la verdad, y la verdad os hará libres*».

(Juan 8:32)

I. DIOS ES VERDAD Deuteronomio 32:4
  a. Dios desea que nuestra vida sea llena de la verdad Salmos 51:6
  b. A fin de ver la verdad, ¡debemos poner nuestra mirada en Jesús! Juan 14:6
  c. El Espíritu Santo nos guía hacia toda verdad Juan 16:13

II. NO HAY VERDAD EN EL DIABLO Juan 8:44
  a. Vivimos en un mundo donde mentir es algo común.
  b. Satanás es el padre de toda mentira —comenzó a mentir y ¡no se ha detenido!
  c. Mantener nuestra mirada en Jesús mantendrá la verdad y la honestidad frente a nosotros.

III. LA VERDAD Y LA LIBERTAD VAN DE LA MANO Juan 8:32
  a. La mentira y la deshonestidad producen ataduras, sin embargo, la verdad trae ¡libertad y gozo!
  b. Escoger la verdad es elegir la vida Deuteronomio 30:19
  c. Nuestro Padre anhela que Sus hijos sean ¡libres, libres, libres!

 ***Una palabra del comandante Dana:*** Mientras más aprendamos de Dios y de Su amor por nosotros, más desearemos llevar una vida que refleje la verdad y la libertad. En la Palabra, leemos que cosechamos lo que sembramos, y nuestro deseo es depositar semillas en nuestro corazón y en el de los demás. Honramos a nuestro Padre cuando somos sinceros y transmitimos vida a los demás a través de la nuestra.

Oremos juntos y pidámosle a Dios que nos ayude a reconocer cuál es la verdad, y permitamos que el Espíritu Santo nos guíe hacia la verdad y al entendimiento.

Notas:

Serie: Conociendo al Padre a través de Su Palabra

Academia de Superniños • Vol. 1/7.ª semana • Es verdad

LECCIÓN PRÁCTICA — QUESO & GALLETAS

Tiempo necesario: 10 minutos

Versículo para memorizar: «*Y conoceréis la verdad, y la verdad os hará libres*».

(Juan 8:32)

Consejo para el maestro: Por seguridad, es importante preguntarle a los niños si son alérgicos a algún alimento, si usted decide permitirles probar o tocar los alimentos.

Implementos: ☐ Galletas saladas, ☐ rodajas de queso, ☐ 1 azafate.

Instrucciones para la lección:

- Hoy, aprenderemos acerca de una persona que se mudó a Estados Unidos desde el otro lado del mundo. Hace mucho tiempo, la única forma de viajar por los océanos era mediante un barco; y por lo general, esa travesía demoraba varios meses.
- George no tenía mucho dinero y gastó la mayor parte de éste en la compra de su boleto para el barco. También necesitaba alimentos para su viaje de dos meses hacia Estados Unidos, pero sólo tenía el dinero suficiente para abastecerse de queso y galletas saladas.
- George estaba muy emocionado ¡por ir a los Estados Unidos! Lo primero que George hizo fue explorar el barco. Pasó cerca de una gran ventana que daba hacia el comedor. Había una enorme mesa bufé, llena de comida deliciosa: jamón, pavo, papas horneadas, fruta, panecillos y tartas. Todas las personas que comían en el comedor lucían felices, pero George, aún tenía queso y galletas en abundancia para comer.
- Pasó una semana, y todos los días, desayuno, almuerzo y cena, comía queso y galletas. Luego, transcurrieron dos semanas, tres semanas, y finalmente el primer mes, siempre comiendo queso y galletas.
- Pasar frente a la ventana del comedor cada vez era más difícil. A veces, George se detenía y miraba toda la comida, hasta que la gente comenzaba a molestarse y le decían que siguiera caminando. Casi podía sentir el sabor del jugoso pavo y de las papas horneadas. Y algunas veces, George soñaba que comía con todas las demás personas felices. Incluso se despertaba masticando en el aire.
- Después de dos meses de la rutina de comer queso y galletas, finalmente llegó el día de desembarcar en Estados Unidos. Lo primero que George deseaba era encontrar un buen lugar para comer otra cosa que no fuera ¡queso y galletas!
- Él se encontraba inclinado sobre la borda del barco, mirando hacia el agua, cuando el capitán se le acercó y le preguntó si había disfrutado del viaje.
- George le comentó al capitán que estaba emocionado por bajar del barco.
- —Pero ¿por qué? ¿No le gustó el barco? —le preguntó el capitán. George le aseguró que el barco era grandioso, pero que no había comido muy bien.
- El capitán se sorprendió por su respuesta: «¿No le gustó la comida del comedor?».
- George le explicó que había gastado la mayoría de su dinero en el boleto, lo cual le dejó sólo lo suficiente para comprar queso y galletas para todas sus comidas.
- «¿Nadie le dijo que el precio del boleto incluía toda su comida?».
- George se puso pálido. ¡No podía creerlo! Rápidamente fue por su boleto y leyó las letras pequeñas de la parte inferior. En efecto, ahí se explicaba que la comida estaba incluida. George no sabía si ponerse a llorar, a gritar o saltar por la borda, estaba muy molesto.

Serie: Conociendo al Padre a través de Su Palabra

- ¡Si sólo hubiera sabido la verdad y hubiera leído las letras pequeñas de su boleto!
- Esta historia es una buena ilustración de nuestro versículo para memorizar de hoy: Juan 8:32. Cuando usted conoce la verdad, ésta lo hace libre.
- Superniños, cuando buscamos la verdad y la libertad, sabremos en nuestro corazón que Dios nos ama y desea el bien para nuestra vida. Él nos ayudará a ver las letras pequeñas y no nos perderemos de las oportunidades que Él tiene preparadas para nosotros.

Notas:

Notas:

LECCIÓN 8: LA PALABRA DE DIOS NUNCA CAMBIA

 **BIENVENIDA Y ORACIÓN**

 **VERSÍCULO PARA MEMORIZAR**

 **TIEMPO PARA JUGAR**

 **SUPLEMENTO 1: EL LABORATORIO DE LA ACADEMIA**

 **OFRENDA**

 **BOSQUEJO DE LA LECCIÓN**

 **SUPLEMENTO 2: LA COCINA DE LA ACADEMIA**

 **ORACIÓN, ANUNCIOS Y MATERIAL DE APOYO**

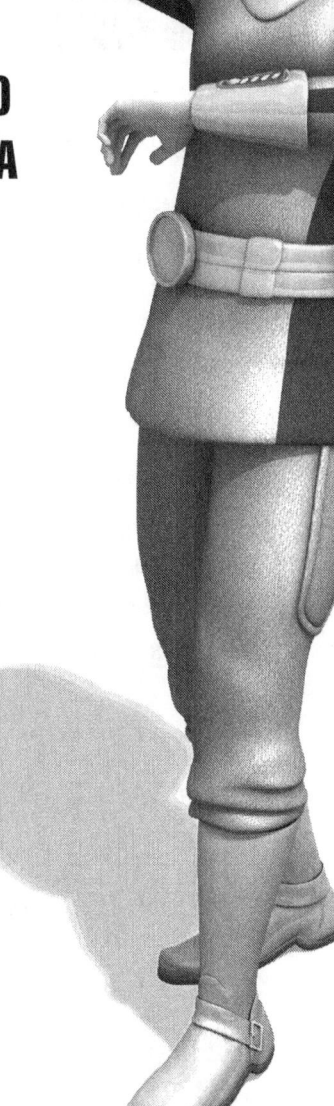

 **Versículo para memorizar:** «Mas la palabra del Señor permanece para siempre. Y esta es la palabra que por el evangelio os ha sido anunciada».

(1 Pedro 1:25)

Serie: Conociendo al Padre a través de Su Palabra

Academia de Superniños • Vol. 1/8.ª semana • La Palabra de Dios nunca cambia

TIEMPO PARA JUGAR — PASE LAS PALOMITAS DE MAÍZ

Tiempo necesario: 5-10 minutos

Versículo para memorizar: «Mas la palabra del Señor permanece para siempre. Y esta es la palabra que por el evangelio os ha sido anunciada». (1 Pedro 1:25)

Consejo para el maestro: Por seguridad, si usted decide permitirles probar o tocar los alimentos, es importante que les pregunte a los niños si son alérgicos a algún alimento.

Implementos: ☐ Palomitas de maíz (sin mantequilla ni sal), ☐ 2 tazones grandes, ☐ 10 bolsas de papel para palomitas.

Antes de la clase:
Prepare las palomitas de maíz y distribúyalas en los dos tazones.

Instrucciones para la actividad:
- Forme dos equipos de cinco integrantes cada uno.
- Alinee a los jugadores uno al lado del otro.
- Cada jugador recibirá una bolsa de papel para palomitas.
- Asígnele a un jugador del equipo que sirva las palomitas.
- Todos los participantes levantarán sus bolsas sobre su cabeza, excepto el designado para servir las palomitas.
- Al iniciar la actividad, el encargado de servir tomará las palomitas del tazón y las echará en la bolsa de papel del primer niño en la fila. Luego, mientras el segundo niño sostiene la bolsa sobre su cabeza se inclinará para que el primer jugador vierta sus palomitas en la bolsa de papel; y éste hará lo mismo con el tercer jugador (deben pasarlas por todo el equipo).
- Todos los jugadores se pasarán las palomitas de maíz. El equipo que termine con más palomitas en la última bolsa de papel, ¡gana!

Objetivo del juego:
¡Evitar que las palomitas de maíz caigan! Es divertido observar el cambio en la cantidad de palomitas de principio a fin.

Aplicación:
La cantidad de palomitas cambió de principio a fin, ahora bien, la Palabra de Dios y Su amor para con nosotros jamás cambia.

Notas:

Serie: Conociendo al Padre a través de Su Palabra

La Palabra de Dios nunca cambia • Vol. 1/8.ª semana • *Academia de Superniños*

EL LABORATORIO DE LA ACADEMIA: LAS COSAS CAMBIAN

Tiempo necesario: 10 minutos

Versículo para memorizar: «*Mas la palabra del Señor permanece para siempre. Y esta es la palabra que por el evangelio os ha sido anunciada*». (1 Pedro 1:25)

Implementos: ☐ brebaje azul, ☐ vinagre blanco, ☐ bicarbonato, ☐ 1 vaso grande.

Antes de la clase: Prepare el "brebaje azul"

Implementos para crear el brebaje azul: ☐ 1 repollo morado, ☐ 1 galón de agua destilada, ☐ 1 olla, ☐ 1 cedazo, ☐ 1 vaso medidor, ☐ 1 cuchara, ☐ 1 recipiente con tapadera.

1. Pique o rebane el repollo en pedazos pequeños. Colóquelos en la olla.
2. Agregue suficiente agua para cubrir el repollo. Póngalo a hervir a fuego lento por 20 minutos.
3. Déjelo enfriar por 1/2 hora.
4. Vierta el agua en el vaso medidor utilizando el cedazo.
5. Utilice la cuchara para exprimir toda el agua del repollo, luego vierta el líquido en el recipiente.

Instrucciones para la lección:

- ¡Hola, cadetes!
- Hoy realizaremos un experimento utilizando tres ingredientes principales: un brebaje azul especial, vinagre blanco y bicarbonato.

Pregunte ¿Quién ha visto un experimento en el que se utilice brebaje azul?

- Comencemos y averigüemos qué sucede cuando estos tres ingredientes se mezclan.
- Primero, vierta 1/4 de taza del brebaje azul en el vaso grande.
- Luego, agregue suficiente vinagre para hacer que el color cambie —aproximadamente 1/4 de taza—.
- ¡Cielos, es realmente asombroso! Al agregarle vinagre al brebaje azul, el color cambió.

Pregunte ¿Quién sabe qué sucederá cuando le agreguemos el bicarbonato a la mezcla?

- ¡Sí! Agregar el bicarbonato producirá que el brebaje cambie de color.
- Agregue 1/4 de cucharadita de bicarbonato para revertir el color. El brebaje volverá a ser azul.

Notas: _____

Serie: Conociendo al Padre a través de Su Palabra

Academia de Superniños • Vol. 1/8.ª semana • La Palabra de Dios nunca cambia

OFRENDA: DIOS Y LOS HIJOS

Tiempo necesario: 10 minutos

Versículo para recibir la ofrenda: "Traigan todos los diezmos —la décima parte de sus ingresos— al alfolí para que pueda haber alimento en Mi casa; y pruébenme ahora en esto, dice el Señor de los ejércitos, si no les abriré las ventanas de los cielos, y derramaré sobre ustedes tanta bendición que no habrá espacio suficiente para que los reciban".

(Malaquias 3:10, *AMP*)

Consejo para el maestro: Éste es un buen momento para recordar la lección de la semana pasada. Esto animará e inspirará a los cadetes para que sean buenos mayordomos, y dará lugar a una interesante discusión acerca de cómo, cuándo, dónde y a quién escogió el Superniño darle el dinero.

Implementos: 11 dólares: ☐ 10 billetes de 1 dólar, ☐ 10 monedas de 10 centavos de dólar.

Instrucciones para la lección:

- ¡Hola, Superniños! Hoy, hablaremos de cómo ser un buen compañero de negocios. Quizá piensen: "¿Un compañero de negocios? ¿Cómo puedo ser un compañero de negocios, si sólo soy un niño?".

- Bien, jamás se es demasiado joven para realizar negocios con Dios.

- Leamos juntos nuestro versículo para recibir la ofrenda: "Traigan todos los diezmos —la décima parte de sus ingresos— al alfolí para que pueda haber alimento en Mi casa; y pruébenme ahora en esto, dice el Señor de los ejércitos, si no les abriré las ventanas de los cielos, y derramaré sobre ustedes tanta bendición que no habrá espacio suficiente para que las reciban" (Malaquías 3:10, *AMP*).

 **Pregunte** ¿Quién sabe qué es diezmar?

- Es dar la décima parte del dinero que ganamos, con el propósito de honrar y obedecer a Dios.

- Trajimos algo de dinero para demostrar este principio.

- Éste es nuestro primer ejemplo:
  Un cadete Superniño sacó la basura esta semana para ayudar en su casa. Y sus padres decidieron pagarle un dólar.

- Aquí tenemos 10 monedas de 10 centavos, que equivalen a un dólar.

Pregunte ¿Cuánto debería ser el diezmo?

- Correcto, ¡10 centavos!

- Éste es otro ejemplo:
  Un Superniño vio la necesidad de su vecino y limpió su césped. El vecino estaba muy agradecido que decidió pagarle 10 dólares al cadete.
  (Cuente los 10 dólares frente a los niños).

Pregunte ¿Cuánto sería de diezmo?

- Correcto, ¡1 dólar!

- Muy bien, cadetes, ¡creo que ya comprendieron! Es todo un honor y un privilegio tener a Dios como nuestro compañero de negocios. En tanto lo busquemos y le obedezcamos, Él continuará derramando Su bondad sobre nuestra vida. Durante las dos semanas siguientes, continuaremos estudiando cómo nuestra vida y nuestra relación con Dios puede crecer mientras nos asociamos con Él.

Serie: Conociendo al Padre a través de Su Palabra

BOSQUEJO DE LA LECCIÓN — LA PALABRA DE DIOS NUNCA CAMBIA

Versículo para memorizar: «Mas la palabra del Señor permanece para siempre. Y esta es la palabra que por el evangelio os ha sido anunciada».

(1 Pedro 1:25)

I. LA PALABRA DE DIOS NUNCA CAMBIA
a. La Palabra permanece para siempre 1 Pedro 1:25 / Isaías 40:8
b. Ésta jamás dejará de ser ini pasará de moda! Mateo 24:35
c. Nuestro Padre desea que Sus hijos cuenten con Su Palabra, pues ¡Él la cumple!

II. PODEMOS CONFIAR EN NUESTRO PADRE CELESTIAL
a. Nuestro Padre es fiel. Siempre permanece con nosotros Salmos 119:90
b. La Palabra de Dios alcanza generación tras generación Salmos 119:89
c. Dios jamás cambia Malaquías 3:6

III. A JESÚS SE LE LLAMA: "LA PALABRA DE DIOS" Apocalipsis 19:11-13
a. La Palabra de Dios (¡Jesús!) nunca falla Lucas 16:17
b. La Palabra de Dios (¡Jesús!) dio Su vida por nosotros Juan 3:16
c. La Palabra de Dios (¡Jesús!) nos enseña a creer y a confiar en Él Juan 14:1

Una palabra del comandante Dana: Algunas personas disfrutan el cambio y lo ven como una aventura. Para otros, el cambio no es fácil ni divertido. Pero gracias a nuestro Padre celestial, todos podemos confiar en algo que nunca cambia... ¡la Palabra de Dios!

Superniños, tomemos un momento para hablar de las cosas que cambian (Ej.: los árboles, la ropa, los automóviles, el agua y ¡nosotros!).

¡Buen trabajo, Superniños! Como ya les había explicado antes, muchas cosas cambian, pero la Palabra de nuestro Padre y Su amor por nosotros ¡jamás cambia!

La forma en que decidimos vivir, pensar y actuar proviene del conocimiento de Dios y de Su Palabra.

Tomemos unos instantes y démosle gracias a Dios por Su infinito e incondicional amor por nosotros. Él es el mismo ayer, hoy y mañana. Es grandioso saber que siempre podemos contar con nuestro Padre.

Consejo para el maestro: Éste es un gran momento para recordarles a sus Superniños la importancia de leer la Biblia, valorarla, llevarla a la iglesia y no permitir que se nos pierda.

Notas: _____
_____

Academia de Superniños • Vol. 1/8.ª semana • La Palabra de Dios nunca cambia

 **LA COCINA DE LA ACADEMIA** ¡DEPENDA DE LA PALABRA!

 Tiempo necesario: 10 minutos

Versículo para memorizar: «Mas la palabra del Señor permanece para siempre. Y esta es la palabra que por el evangelio os ha sido anunciada».

(1 Pedro 1:25)

Consejo para el maestro: Por seguridad, si usted decide permitirles probar o tocar los alimentos, es importante que les pregunte a los niños si son alérgicos a algún alimento.

Implementos: ■ 1 jarra de cristal, ■ 1 cuchara para servir, ■ 1 exprimidor de jugo, ■ vasos.

Receta:

5 tazas de agua bien fría
1/2 taza de azúcar
1 taza de agua caliente
8 limones

Antes de la clase: Prepare un jarabe simple y jugo de limón

1. Para preparar un jarabe simple: vierta 1/2 taza de azúcar en la taza de agua caliente
2. Luego, exprima los limones en un vaso medidor (utilizando el exprimidor, si tiene uno).
3. Por último, agregue el jarabe simple y el jugo de limón en el agua bien fría y mezcle. Limonada hecha en casa, ¡deliciosa!

Instrucciones para la lección:

- ¡Hola, cadetes!

 Pregunte ¿Quién conoce a alguien que jamás cambia?

- Sí, ¡Dios! Él siempre está ahí para nosotros, amándonos y dispuesto a ayudarnos. Su Palabra jamás cambia y nosotros podemos depositar nuestra confianza en Él.
- Hoy, realizaremos un experimento relacionado con el cambio.
- Declaremos algunas verdades: Dios es bueno y desea lo mejor para nuestra vida. Él nunca cambia, y podemos estar seguros de la veracidad de esas declaraciones, así como tenemos la certeza de que el azúcar es dulce.

 **Pregunte** Y ¿qué pasa con los limones?

- Si cortamos uno y lo exprimimos en nuestra boca, sentiríamos un sabor muy ácido, ¿verdad?
- Por tanto, sabemos que el azúcar siempre es dulce, y que los limones son ácidos.
- Bien, realicemos un pequeño experimento que cambiará la dulzura del azúcar y la acidez del jugo de limón.
- (Siga la receta para preparar un jarabe simple, combínelo con el jugo de limón, agréguelo al agua fría y ¡presente una limonada!)
- Ya que agregamos el jugo de limón —el cual es ácido— y el azúcar —la cual es dulce—, pudimos crear una bebida que combina lo dulce y lo ácido.
- La dulzura del azúcar no cambia y la acidez del jugo del limón tampoco, pero cuando los combinamos, los sabores cambiaron para formar una deliciosa bebida.
- Quizá los sabores cambien, sin embargo, Dios y Su Palabra jamás cambian. Él puede combinarse con cualquier cosa y permanecerá igual. ¡Dios es el mejor ingrediente en nuestra vida!

LECCIÓN 9: ¡LA PALABRA ES VIVA!

 **BIENVENIDA Y ORACIÓN**

 **VERSÍCULO PARA MEMORIZAR**

 **TIEMPO PARA JUGAR**

 **SUPLEMENTO 1: DRAMA**

 **OFRENDA**

 **BOSQUEJO DE LA LECCIÓN**

 **SUPLEMENTO 2: LECCIÓN PRÁCTICA**

 **ORACIÓN, ANUNCIOS Y MATERIAL DE APOYO**

 **Versículo para memorizar:** «Porque la palabra de Dios es viva y eficaz, y más cortante que toda espada de dos filos...».

(Hebreos 4:12)

Serie: Conociendo al Padre a través de Su Palabra

Academia de Superniños • Vol. 1/9.ª semana • La Palabra es viva

TIEMPO PARA JUGAR — "ENCESTE LIMPIO" ESGRIMA BÍBLICO

Tiempo necesario: 10 minutos

Versículo para memorizar: «*Porque la palabra de Dios es viva y eficaz, y más cortante que toda espada de dos filos...*».

(Hebreos 4:12)

Implementos: ■ 1 cesta de lavandería, ■ cinta adhesiva protectora, ■ 1 pelota de playa, ■ 2 Biblias, ■ premios pequeños.

Antes de la clase:

Prepare una lista de citas bíblicas para que los Superniños busquen en sus Biblias y que puedan aplicarse en su vida diaria.

Coloque cinta adhesiva sobre el piso para marcar una línea de tiro. La cesta de lavandería puede colocarse sobre una mesa o en el piso. Ponga la pelota de playa y las Biblias en la línea de tiro.

Instrucciones para la actividad:

- Esta actividad es una adaptación del juego conocido como esgrima bíblico.
- (Juego que se refiere a la Biblia como la espada del Espíritu).
- Separe a los niños y a las niñas de modo que formen dos filas frente a la cesta.
- El niño y la niña sobre la línea de tiro sostendrá una Biblia cerrada. Cuando mencione una cita bíblica, el primero en hallarla y leerla, puede anotar un punto lanzando la pelota de playa hacia la cesta.
- El equipo con más anotaciones, ¡gana!

Objetivo del juego:

Aprender la Palabra.

Aplicación:

Dios recompensa a quienes lo buscan con todo su corazón. Podemos buscarlo a través de la oración (hablando con Él), siendo generosos y pidiéndole que nos muestre cómo bendecir a otros. Su Palabra es viva y nos enseña cómo vivir y amar a los demás con el corazón de Dios.

Notas:

La Palabra es viva • Vol. 1/9.ª semana • Academia de Superniños

 **TIMMY & JIMMY: "¡ES VIVA!"**

Personajes:
Timmy es el mejor amigo de Jimmy, sin embargo, son muy distintos. Ambos son únicos en su forma de ser, y aprecian y aprenden de las diferencias uno del otro.

Jimmy es inteligente, le gusta divertirse, y posee un enfoque único para interpretar las Escrituras.

Timmy es inteligente y tiene un sentido del humor irónico, y le agrada examinar el significado de las Escrituras con Jimmy.

Disfraces:
Timmy - camisa tipo polo y pantalones cortos
Jimmy - playera con un diseño o mensaje absurdo, jeans y gorra

Implementos: ■ Biblia, ■ 1 matamoscas.

(La historia inicia con Jimmy sobre el escenario, mirando fijamente una Biblia que colocó en el piso. Luego Timmy entra con una toalla de playa sobre sus hombros).

TIMMY:
¡Hola, Jimmy! ¿Qué...?

JIMMY: (Interrumpe a Timmy)
¡Silencio!

TIMMY:
¿Qué? ¿Por qué?

JIMMY:
Cállate.

TIMMY:
¿De qué hablas?

JIMMY:
¡No te muevas!

TIMMY:
Jimmy, ya te lo dije, jamás atraparás una mosca con palillos chinos. Eso sólo pasa en las películas.

JIMMY:
No es una mosca. Ves,

(Jimmy sostiene un matamoscas para mostrarle a Timmy una mosca muerta)

ya la atrapé.

Serie: Conociendo al Padre a través de Su Palabra

TIMMY:
¡Qué asco! ¡Aleja esa cosa de mí!

JIMMY:
Lo siento. Disculpa, ¿podrías sostener esto para que pueda concentrarme?

(Jimmy sostiene el matamoscas hasta que Timmy lo toma).

TIMMY:
¿Concentrarte en qué? ¿Sabías que es doscortés no ver a las personas cuando te hablan?

JIMMY:
Eres un buen amigo, sabía que entenderías.

TIMMY:
Eso he tratado de explicarte: ¡NO te entiendo!
¡No tengo idea de qué hablas!

JIMMY:
Me refiero a la Palabra de Dios.

TIMMY: (comenzando a frustrarse)
¿Qué sucede con la Palabra de Dios?

JIMMY:
La estoy mirando y estoy esperando en ella.

TIMMY:
Y ¿qué estás esperando?

JIMMY:
Es que acabo de leer Hebreos 4:12.

TIMMY:
¿Y?

JIMMY:
Me sorprendes, Timmy. Tú deberías saberlo. ¿Cómo pudiste ganar el reto de memoria bíblica?

(Timmy abre su boca y grita en silencio, pues se está sintiendo frustrado. Jimmy continúa viendo su Biblia y no mira a Timmy. Luego Timmy busca decir lo siguiente).

TIMMY:
¿Por qué?

JIMMY:
Tú ni siquiera te sabes ese versículo, y ganaste. Quizá yo deba participar el siguiente año.
Bien, te lo diré, el versículo afirma que la Palabra de Dios es viva y eficaz...

TIMMY:
Sí, y...

JIMMY:
La Palabra viva, implica movimiento. Y cuando mi Biblia se mueva, puedes apostar que ahí ¡estaré para verlo. Incluso tengo lista la cámara de mi teléfono celular para tomarle una fotografía y demostrar que se movió.

TIMMY:
En primer lugar, ése no es el significado de ese versículo. Y segundo, incluso si tu Biblia se moviera y le tomaras una fotografía, eso no probaría nada. ¿Cómo se sabría que en la fotografía la Biblia se movió? Sólo sería la fotografía de una Biblia.

JIMMY:
Oh, no había pensado en ello. Pero aún no estoy convencido de la primera parte.
Si mi Biblia no se mueve, entonces ¿por qué Dios afirma que está viva?

TIMMY:
Dios no se refería al libro y a las páginas, Él hablaba de las palabras escritas en ella. Las palabras que Dios habló están llenas de vida y pueden hacer realidad las cosas.
Por esa razón, se le llama viva y eficaz.

JIMMY:
Excelente. Entonces soy como la Palabra de Dios. ¡Eso es maravilloso!

TIMMY:
¿Por qué dices eso?

JIMMY:
Mi mamá le dice a las personas que siempre me estoy moviendo.

TIMMY:
Seguro que sí lo dice.

JIMMY:
Por cierto, ¿por qué viniste a visitarme?

TIMMY:
Siempre me pregunto eso.

JIMMY:
¿Qué?

TIMMY:
No importa, ¿quieres venir a casa? Mi papá está preparando una barbacoa.

JIMMY:
¡Grandioso! ¡Dame cinco por las vacaciones de verano!

(Jimmy le da a Timmy los cinco con fuerza, Timmy se sacude la mano del dolor y luego salen).

Academia de Superniños • Vol. 1/9.ª semana • La Palabra es viva

OFRENDA: LA VENTANA ABIERTA

Tiempo necesario: 10 minutos

Versículo para recibir la ofrenda: "Traigan todos los diezmos —la décima parte de sus ingresos— al alfolí para que pueda haber alimento en Mi casa; y pruébenme ahora en esto, dice el Señor de los ejércitos, si no les abriré las ventanas de los cielos, y derramaré sobre ustedes tanta bendición que no habrá espacio suficiente para que las reciban".

(Malaquías 3:10, *AMP*)

Consejo para el maestro: Por seguridad, si usted decide permitirles probar o tocar los alimentos, es importante que les pregunte a los niños si son alérgicos a algún alimento.

Implementos: ☐ bolsas individuales de *pretzels*, ☐ 2 escaleras pequeñas.

Instrucciones para la lección:

- La semana pasada hablamos de ser socios de Dios y de qué significa diezmar.

- Repasemos juntos nuestro versículo para recibir la ofrenda: "Traigan todos los diezmos —la décima parte de sus ingresos— al alfolí para que pueda haber alimento en Mi casa; y pruébenme ahora en esto, dice el Señor de los ejércitos, si no les abriré las ventanas de los cielos, y derramaré sobre ustedes tanta bendición que no habrá espacio suficiente para que las reciban" (Malaquías 3:10, *AMP*).

- Hoy, compartiremos acerca de las recompensas que podemos recibir de Dios, al escuchar y obedecer lo que Él nos enseñe.

- Realizaremos una demostración que nos ayudará a ejemplificar la segunda parte del versículo para recibir la ofrenda: "...si no les abriré las ventanas de los cielos, y derramaré sobre ustedes tanta bendición que no habrá espacio suficiente para que las reciban".

- Necesitaremos tres Superniños voluntarios.

    2 cadetes formarán las ventana del cielo:
    Los cadetes deben subir las escaleras quedando frente a frente, formando una ventana con sus brazos en un ángulo de 90 grados (un cadete se encontrará abajo y el otro arriba).

    El tercer cadete será el diezmador o el socio de negocios de Dios:
    Ubique a este cadete bajo la ventana del cielo.

- Ejemplifiquemos lo que Dios ha prometido.

- (El tercer cadete levantará sus manos en posición de recibir, mientras que el maestro deja que los *pretzels* caigan por la ventana abierta; y debe dar más de los que el cadete pueda recibir).

- A medida que escuchemos y obedezcamos a Dios, aprendamos a amarlo a Él y a los demás; Él derramará abundante bondad sobre nuestra vida.

- Quizá no veamos algunas recompensas de inmediato, o tal vez Dios desee que las obtengamos pronto. Esto nos ayuda a crecer y a confiar en Dios y en Su tiempo. Él siempre obra a tiempo y tiene buenos planes para nuestra vida. Diezmamos y ofrendamos porque lo amamos y lo honramos, no sólo porque esperamos recibir algo a cambio.

- Dios les ha prometido más bendiciones a quienes decidan asociarse con Él, y más cosas buenas de las que puedan recibir. Y eso no es todo… ¿Quién desea saber qué más nos ha prometido Él? Entonces los esperamos la siguiente semana para ¡descubrirlo!

Serie: Conociendo al Padre a través de Su Palabra

La Palabra es viva • Vol. 1/9.ª semana • *Academia de Superniños*

 **BOSQUEJO DE LA LECCIÓN** — **¡LA PALABRA ES VIVA!**

Versículo para memorizar: «*Porque la palabra de Dios es viva y eficaz, y más cortante que toda espada de dos filos...*». (Hebreos 4:12a)

I. DIOS ES LUZ Y ES VIDA Juan 1:3-5
a. Fuimos creados para tener vida como Dios Efesios 4:24
b. Todo lo que tiene vida, la recibe de Dios
c. Dios desea que Sus hijos disfruten de la mejor vida que puedan imaginar Juan 10:10

II. LAS PALABRAS SON EXTREMADAMENTE PODEROSAS Hebreos 4:12
a. Dios creó todo lo que vemos con Su Palabra Génesis 1
b. Las plantas, los animales y las personas cobraron vida ¡gracias a las palabras de Dios!

III. PALABRAS DE VIDA O MUERTE, LA DECISIÓN ES NUESTRA Deuteronomio 30:15
a. Nuestras palabras conllevan vida o muerte Proverbios 18:21
b. Las palabras de Dios infunden vida Proverbios 4:22
c. Elegir las palabras de Dios es como recibir ¡una sentencia de vida!

 ***Una palabra del comandante Dana:*** ¡Las palabras son poderosas! Tenemos la opción de utilizar palabras que honren a Dios e infundan vida a los demás, o utilizar palabras malas e hirientes. Escojamos llevar vidas poderosas para Dios —vidas que creen buenas cosas y lleven gozo a quienes nos rodean.

Ésta es una perfecta oportunidad para que sus Superniños practiquen declarando palabras de vida. Déles un par de ejemplos: "Me alegro de que seas mi amigo", "¿hay algo en lo que pueda ayudarte?", o "podemos orar juntos, y Dios nos responderá". ¡Eso es hablar como Dios habla!

Notas:

Serie: Conociendo al Padre a través de Su Palabra

Academia de Superniños • Vol. 1/9.ª semana • La Palabra es viva

LECCIÓN PRÁCTICA — MASTÍCALO

Tiempo necesario: 5-8 minutos

Versículo para memorizar: «*Porque la palabra de Dios es viva y eficaz, y más cortante que toda espada de dos filos…*». (Hebreos 4:12)

Consejo para el maestro: Escoja a un voluntario adulto o al cadete más grande para que lo ayude con la demostración de comer bananos. Por seguridad, confirme el permiso de los padres y que los niños no sean alérgicos a éstos.

Implementos: ☐ 1 banano, ☐ 1 babero de bebé.

Instrucciones para la lección:

 ¿A quién le gustan los bananos?

- Bien, tenemos un delicioso banano maduro y nuestro voluntario, quien se lo comerá, está preparado para ayudarnos con una demostración.
- Oh, no queremos que nuestro voluntario ensucie su ropa; por tanto, tenemos un lindo babero para que no se ensucie.
- (Entréguele el babero al voluntario para que lo utilice durante la demostración).
- Muy bien, ahora estamos listos para comenzar… es hora de darle una gran mordida al banano.
- (Después de dar la gran mordida, indíquele al voluntario que deje de masticar).
- ¡Oh, espera! Una instrucción muy importante, tendrás que comerte el banano sin masticarlo. ¡Vamos! ¡Tú puedes hacerlo! ¡Nosotros te apoyaremos!
- (No será fácil comerse el banano sin masticarlo, por consiguiente, después de algunos intentos permita que el voluntario mastique y se trague el banano o lo escupa en el recipiente de la basura).
- Esta demostración es similar a la forma en que aprenden a comer los bebés.
- A menudo, ellos introducen mucha comida en su boca y no pueden masticarla, entonces intentan tragarla toda o simplemente la escupen. Es así como los bebés aprenden a masticar la comida.
- Lo mismo ocurre con la Palabra de Dios. Para depositarla en nuestro corazón, debemos masticarla. Esto significa: meditar en ella, pensar en ella, repetirla durante todo el día y ponerla en práctica en nuestro diario vivir.

Notas: _____

Serie: Conociendo al Padre a través de Su Palabra

LECCIÓN 10: ES CORTANTE Y PODEROSA

- **BIENVENIDA Y ORACIÓN**
- **VERSÍCULO PARA MEMORIZAR**
- **TIEMPO PARA JUGAR**
- **SUPLEMENTO 1: EL LABORATORIO DE LA ACADEMIA**
- **OFRENDA**
- **BOSQUEJO DE LA LECCIÓN**
- **SUPLEMENTO 2: LECCIÓN PRÁCTICA**
- **ORACIÓN, ANUNCIOS Y MATERIAL DE APOYO**

> **Versículo para memorizar:** «Ciertamente, la palabra de Dios es viva y poderosa, y más cortante que cualquier espada de dos filos. Penetra hasta lo más profundo del alma y del espíritu, hasta la médula de los huesos, y juzga los pensamientos y las intenciones del corazón». (Hebreos 4:12, *NVI*)

Serie: *Conociendo al Padre a través de Su Palabra*

Academia de Superniños • Vol. 1/10.ª semana • Es cortante y poderosa

TIEMPO PARA JUGAR — UN BATEADOR PODEROSO

Tiempo necesario: 5-10 minutos

Versículo para memorizar: «Ciertamente, la palabra de Dios es viva y poderosa, y más cortante que cualquier espada de dos filos. Penetra hasta lo más profundo del alma y del espíritu, hasta la médula de los huesos, y juzga los pensamientos y las intenciones del corazón». (Hebreos 4:12, NVI)

Consejo para el maestro: Por seguridad, recuédeles a los bateadores que no deben tocar a nadie con el bate.

Implementos: ☐ 2 bates grandes de plástico para niños, ☐ 2 pelotas inflables de playa o dos pelotas grandes de goma espuma, ☐ cinta adhesiva.

Antes de la clase:

Coloque cinta adhesiva en el piso, formando dos líneas paralelas, aproximadamente de 2.5 a 3 mts.

Los bateadores permanecerán en un extremo de la línea, y los lanzadores en el otro extremo, quedando frente a frente.

Instrucciones para la lección:

- Tome un momento y enséñeles a los cadetes el versículo que deben memorizar.
- (Permita que los Superniños repitan el versículo).
- Escoja cuatro jugadores para la actividad (dos bateadores y dos lanzadores).
- Coloque a los bateadores frente a los lanzadores sobre las líneas de cinta adhesiva.
- Los lanzadores les lanzarán la pelota a los bateadores, mientras declaran: "¡La Palabra de Dios es viva!".
- Los bateadores golpearán la pelota y gritarán: "¡Y poderosa!".
- El equipo que envíe la pelota más lejos, ¡gana!
- Si hay tiempo, permita que todos los niños participen, y rote las posiciones.

Objetivo del juego:

Este juego demuestra el poder que radica en la Palabra de Dios y la importancia del trabajo en equipo. Esta actividad les ayudará a los niños a encontrar poder al declarar la Palabra.

Aplicación:

Aprender a reconocer que el poder que se encuentra en la Palabra puede ayudarnos a cambiar desde nuestro interior. A Dios le interesa nuestro corazón y los retos que enfrentamos cada día. A Él también le gusta celebrar todas nuestras experiencias divertidas. Buscarlo, pedirle ayuda y confiar en Su bondad y amor, nos ayuda a vivir en libertad.

Con Dios todo es posible en nuestra vida. ¡Él ha preparado buenos planes para nosotros! Su Palabra en realidad es viva y poderosa, dentro de cada niño y niña que ha aceptado a Jesús.

Notas: _____
_____
_____

Serie: Conociendo al Padre a través de Su Palabra

Es cortante y poderosa • *Vol. 1/10.ª semana* • *Academia de Superniños*

EL LABORATORIO DE LA ACADEMIA — ¿ES MUY CORTANTE?

Tiempo necesario: 10 minutos

Versículo para memorizar: «*Ciertamente, la palabra de Dios es viva y poderosa, y más cortante que cualquier espada de dos filos. Penetra hasta lo más profundo del alma y del espíritu, hasta la médula de los huesos, y juzga los pensamientos y las intenciones del corazón*». (Hebreos 4:12, *NVI*).

Consejo para el maestro: Por seguridad, es importante alejar de los niños cualquier implemento peligroso; sólo pueden ayudar los adultos con los implementos cortantes. Colóquelos en un lugar seguro cuando no los utilice durante la lección.

Implementos: ☐ 1 mesa pequeña, ☐ 8 hojas de papel tamaño carta, ☐ 1 cuchillo para untar, ☐ 1 cuchillo de plástico, ☐ 1 cortaúñas, ☐ 1 par de tijeras de punta redonda para cortar papel.

Antes de la clase:

En la mitad superior de las hojas de papel, escriba la palabra PODEROSA.
Y en la mitad inferior, escriba OCIOSA.

Instrucciones para la lección:

- ¡Hola, cadetes!

- Repasemos nuestro versículo para memorizar: «*Ciertamente, la palabra de Dios es viva y poderosa, y más cortante que cualquier espada de dos filos. Penetra hasta lo más profundo del alma y del espíritu, hasta la médula de los huesos, y juzga los pensamientos y las intenciones del corazón*» (Hebreos 4:12, *NVI*).

- En nuestra demostración de hoy, investigaremos las capacidades de cuatro herramientas diferentes. Algunas de éstas pueden verse filosas, pero en realidad no son muy poderosas y sólo pueden utilizarse para una función específica.

Pregunte ¿Quién podría mencionar algo que sea poderoso y que tenga muchas funciones?

- Superniños, ésos son excelentes ejemplos: ¡Es Dios!

- La buena noticia es que podemos confiar en Dios y en Su Palabra para que seamos poderosos y que podamos vencer en cualquier situación.

- Muy bien, probemos las herramientas sobre esta mesa. Intentaremos cortar esta hoja de papel utilizando varias herramientas.

- (Por seguridad, un adulto voluntario o el cadete más grande puede ayudarlo durante la prueba de herramientas).

- Diviértanse dejando que el asistente pruebe varias herramientas, comenzando con el cuchillo para untar, luego con el cuchillo de plástico y después con el cortaúñas.

- (En este punto, los niños ya estarán animándolo para que use las tijeras).

- Ahora bien, todas estas herramientas se ven filosas, pero ninguna fue lo bastante poderosa para cortar la hoja de papel.

Pregunte ¿Qué tal si intentamos utilizar las tijeras?

- ¡Sí! ¡Éstas definitivamente cumplieron el trabajo!

- Al utilizar las tijeras, pudimos separar las dos palabras escritas en la hoja de papel: PODEROSA y OCIOSA.

Serie: Conociendo al Padre a través de Su Palabra

- Las palabras poderosas provienen de Dios y se utilizan para animar, apoyar y amar a los demás. Nuestra vida es poderosa cuando elegimos vivir en la presencia del Señor y le pedimos Su sabiduría y Su consejo.
- Las palabras ociosas no ayudan a otros y se utilizan para lastimar o destruir la vida de la gente. Si elegimos vivir sin el amor ni la presencia de Dios en nuestra vida, seremos personas hirientes e infructuosas.
- Nos tomó algunos intentos encontrar la herramienta que tuviera el poder suficiente para cortar el papel. Recuerden, algunas herramientas se ven filosas; sin embargo, no son muy poderosas.
- Como leemos en nuestro versículo para memorizar, la Palabra de Dios es poderosa y cortante. Ésta puede cortar cualquier duda, temor o desafío que enfrentemos. La Palabra trae sanidad, perdón y esperanza a nuestra vida.

Notas:

OFRENDA — EL GRAN DEFENSOR

 **Tiempo necesario:** 10 minutos

Versículo para recibir la ofrenda: "Por Mi parte, Yo los defenderé del merodeador, protegeré sus campos de trigo y sus huertos del saqueador".

(Malaquías 3:11, *MSG*)

 Consejo para el maestro: Repase las lecciones anteriores referentes a la ofrenda (lección ocho y nueve) en las cuales se habla acerca de asociarse con Dios y qué significa diezmar. Esto beneficiará a los visitantes y será un buen repaso para todos los niños.

Déle la oportunidad a los Superniños de compartir y hablar de lo que significa para ellos diezmar y ser un socio de negocios con Dios.

Implementos: ☐ Una bolsa de papel para comestibles llena de algunos alimentos frescos, ☐ 1 bolsa pequeña de trigo (o avena).

Instrucciones para la lección:

- Ofrendarle a Dios porque le amamos y le honramos, y aprender a buscarlo en todo lo que realizamos nos hace mejores socios de negocios con Él.
- Leamos juntos nuestro versículo para recibir la ofrenda: "Por Mi parte, Yo los defenderé del merodeador, protegeré sus campos de trigo y sus huertos del saqueador" (Malaquías 3:11, *MSG*).
- (Coloque los alimentos y la bolsa de trigo o avena sobre la mesa).

Pregunte ¿Puede alguien compartir qué significa este versículo para nuestra vida hoy?

- (Déles tiempo a los niños para que compartan y expresen sus ideas).
- En la época en que este versículo fue escrito, la mayoría de las personas se ganaba la vida como agricultores. Ellos necesitaban protegerse de los ladrones, quienes robaban de sus cosechas y de sus huertos. En la actualidad, la mayoría de nosotros compra sus abarrotes en el supermercado y jamás hemos visto una granja o un pastizal de donde provienen los abarrotes.
- Y para aplicarlo y relacionarlo con nuestra vida, podemos aprender otros beneficio que recibimos por ser socios de negocios con Dios.
- Al igual que Dios les proveyó protección a los agricultores cuando eligieron sembrar en el reino de Dios, Él también nos protege del peligro e impide que personas peligrosas o con intenciones de herirnos se acerquen a nosotros, cuando decidimos sembrar en Su Reino. Él nos ayudará a ser buenos mayordomos de todo aquello con lo que nos ha bendecido. ¡Qué gran asociación disfrutamos con Dios!
- Ahora, honrémoslo con nuestras ofrendas.

Notas:

Academia de Superniños • Vol. 1/10.ª semana • Es cortante y poderosa

BOSQUEJO DE LA LECCIÓN — ES CORTANTE Y PODEROSA

Versículo para memorizar: «Ciertamente, la palabra de Dios es viva y poderosa, y más cortante que cualquier espada de dos filos. Penetra hasta lo más profundo del alma y del espíritu, hasta la médula de los huesos, y juzga los pensamientos y las intenciones del corazón». (Hebreos 4:12, *NVI*)

I. LA PALABRA DE DIOS ES PODEROSA Y CORTANTE
   a. Confesar la Palabra corta la duda y el temor   Santiago 1:5-6
   b. Confesar la Palabra nos trae salud y vida   Proverbios 4:22
   c. Dios jamás es negligente con Su Palabra.

II. LA PALABRA DE DIOS ES UNA ESPADA   Efesios 6:17
   a. Esta espada del Espíritu en su interior, le traerá poder a su vida de oración.
   b. Esta espada se blande con nuestra boca, no con nuestras manos.
   c. Cuando la Palabra mora en usted, ¡pedir y recibir es fácil!   Juan 15:7

III. APRENDER LA PALABRA DE DIOS ES UNA AVENTURA
   a. La Palabra tiene poder sanador   Salmos 107:20
   b. El perdón de pecados se encuentra en la Palabra   Lucas 5:24
   c. La Palabra es un estímulo para la aventura   Filipenses 3:14

Una palabra del comandante Dana: Lo que más me gusta remarcar en esta verdad, es que tenemos un obsequio cortante, preciso y muy poderoso de parte de Dios: Su Palabra. Él se lo ha entregado a Sus hijos; con el propósito de que seamos como nuestro Padre. Si podemos darles ejemplos a los Superniños de cómo Dios usa Su Palabra, también comprenderemos cómo deberíamos usarla NOSOTROS. Podemos declararla, a fin de cambiar las circunstancias difíciles, por situaciones conforme a la voluntad de Dios. Podemos utilizarla para cortar obstáculos y mover montañas. Podemos dar testimonio de ella, a fin de llevar vida a los demás. Ayude a sus hijos para que comprendan el valor de la Palabra y la importancia de ser hacedores de ella. Ésta debe usarse con reverencia, respeto y ¡siempre con amor!

Notas:

Serie: Conociendo al Padre a través de Su Palabra

Es cortante y poderosa • Vol. 1/10.ª semana • *Academia de Superniños*

LECCIÓN PRÁCTICA — EL PODER INDICADO

 **Tiempo necesario:** 5-8 minutos

 Versículo para memorizar: «*Ciertamente, la palabra de Dios es viva y poderosa, y más cortante que cualquier espada de dos filos. Penetra hasta lo más profundo del alma y del espíritu, hasta la médula de los huesos, y juzga los pensamientos y las intenciones del corazón*». (Hebreos 4:12, *NVI*)

 **Implementos:** ■ 1 maceta, ■ 1 bolsa pequeña de tierra para maceta, ■ 1 sobre de semillas, ■ 1 pala de mano, ■ 1 linterna, ■ 1 botella de agua.

Antes de la clase:

Coloque los implementos sobre la mesa para tenerlos al alcance. Considere colocar un protector plástico o periódico para proteger el área de cualquier derrame de agua.

Escoja a un cadete para que le ayude con la demostración. Entréguele los implementos de jardinería mientras se lleva a cabo la demostración ante los niños.

Instrucciones para la lección:

- ¡Hola, cadetes! En nuestra lección práctica de hoy, mostraremos algunas habilidades básicas de jardinería.

Pregunte ¿Habrá algún Superniño a quien le guste la jardinería?

- Primero, pidámosle a nuestro asistente especial que eche un poco de tierra en nuestra maceta.

- Luego, agregaremos algunas semillas y utilizaremos la pala para cubrirlas con más tierra para maceta. Ahora, le verteremos agua para ayudar a que nuestras semillas crezcan; y por último, necesitaremos luz.

- (Entréguele la linterna al asistente).

- Muy bien, cadetes... ¡eso debería funcionar!

Pregunte ¿Qué está sucediendo? ¿Están creciendo las semillas?

- (Permita que los niños sugieran que se necesita luz solar real para que las semillas crezcan).

- Correcto, cadetes, ¡las semillas necesitan luz real para que les ayude a crecer! La luz del sol es el poder indicado para que crezcan.

- Así como la luz solar es la fuente de poder indicado para ayudar a que las semillas crezcan, la Palabra de Dios y la forma en cómo la utilicemos en nuestra vida diaria es nuestra fuente de poder indicada. Existen diferentes tipos de poder en el mundo, sin embargo, la Palabra ¡es el poder más fuerte!

- Por tanto, asegúrense hoy de que están siguiendo el poder INDICADO. Permitan que la Palabra brille y les infunda vida a ustedes ¡cada día!

Notas:

Serie: Conociendo al Padre a través de Su Palabra

Notas:

LECCIÓN 11: ¡ES LUMBRERA!

 **BIENVENIDA Y ORACIÓN**

 **VERSÍCULO PARA MEMORIZAR**

 **TIEMPO PARA JUGAR**

 **SUPLEMENTO 1: CASO REAL**

 **OFRENDA**

 **BOSQUEJO DE LA LECCIÓN**

 **SUPLEMENTO 2: LECCIÓN PRÁCTICA**

 **ORACIÓN, ANUNCIOS Y MATERIAL DE APOYO**

 **Versículo para memorizar:** «Lámpara es a mis pies tu palabra, y lumbrera a mi camino».

(Salmos 119:105)

Academia de Superniños • Vol. 1/11.ª semana • ¡Es lumbrera!

TIEMPO PARA JUGAR — BUSCANDO CANICAS

Tiempo necesario: 10 minutos

Versículo para memorizar: «Lámpara es a mis pies tu palabra, y lumbrera a mi camino».
(Salmos 119:105)

Consejo para el maestro: Puede comprar grandes cantidades de pudín de chocolate ya preparado. Por seguridad, si usted decide permitirles probar o tocar los alimentos, es importante que les pregunte a los niños si son alérgicos a algún alimento.

Implementos: ☐ 2 vendas para los ojos, ☐ 1 bolsa de canicas de colores, ☐ 1 bolsa de canicas transparentes, ☐ 2 tazones pequeños para colocar las canicas, ☐ 2 tazones pequeños llenos de agua, ☐ 2 tazones grandes llenos de pudín de chocolate, ☐ toallas para bebé/limpiadores.

Antes de la clase:

Coloque los implementos sobre la mesa.

Mezcle las canicas transparentes y las de colores en los dos tazones grandes.

Vierta el pudín en los dos tazones de modo que cubra las canicas.

Coloque dos tazones pequeños con agua en cada estación para que los niños laven las canicas que saquen.

Coloque dos tazones pequeños en cada estación para que los niños coloquen las canicas **transparentes** limpias.

Antes de iniciar, establezca cuántas canicas **transparentes** deben encontrar para determinar quién será el ganador.

Instrucciones para la actividad:

- Forme dos equipos con dos integrantes cada uno.
- Uno de los integrantes tendrá vendados los ojos, y el otro será sus ojos.
- El jugador con los ojos descubiertos ayudará a su compañero para buscar las canicas **transparentes** en el pudín.
- Cuando saque una canica del pudín, la colocará en el tazón con agua para descubrir su color.
- Si la canica no es transparente, el compañero con los ojos descubiertos volverá a colocarla en el tazón de pudín.

Objetivo del juego:

Encontrar el número establecido de canicas transparentes, además de trabajar juntos como un equipo. El compañero con los ojos descubiertos es un ejemplo de luz que ayuda a su compañero a buscar las canicas transparentes.

Aplicación:

Cuando leemos la Palabra, ésta se convierte en una guía y en una luz para nuestro camino en este mundo. Repitamos juntos el versículo para memorizar: «Lámpara es a mis pies tu palabra, y lumbrera a mi camino» (Salmos 119:105).

Así como nuestro compañero se convirtió en nuestros ojos para esta actividad, así también la Palabra alumbra nuestro camino a través de las situaciones que enfrentamos cada día.

Serie: Conociendo al Padre a través de Su Palabra

¡Es lumbrera! • Vol. 1/11.ª semana • *Academia de Superniños*

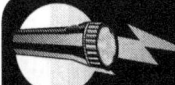 **CASO REAL** — **THOMAS EDISON**

Concepto: Destacar un histórico e interesante lugar, personaje o evento que ejemplifique la lección del día. El tema de hoy es: La Palabra de Dios es lumbrera a nuestro camino.

 Consejo para el maestro: Sugerimos que antes de dar las instrucciones para la lección, se familiarice con el texto tanto como le sea posible. El siguiente texto es el ejemplo de un bosquejo que le puede ser útil seguir durante la clase (puede modificarlo según su estilo de enseñanza).

Utilizar un disfraz atrae la atención del Superniño. Es de gran ayuda usar imágenes cuando les enseña.

 **Consejo para involucrar a los adolescentes:** Repasar la cita bíblica antes de iniciar la clase e involucrar a los adolescentes como auxiliares es una gran forma de mantener a los niños involucrados y atentos.

Implementos: ■ 1 camisa blanca abotonada, ■ 1 chaleco negro formal, ■ pantalones negros, ■ el cabello peinado hacia un lado.

INTRODUCCIÓN:

- Hoy aprendimos que la Palabra de Dios es lumbrera a nuestro camino. Ahora bien, es verdad que toda la luz proviene de Dios; sin embargo, algunas personas aprendieron cómo aprovechar esa luz y la pusieron a disposición del mundo para que éste pudiera ver. La persona de la que aprenderemos hoy, declaró esta famosa frase: «Ser un genio equivale a un 1% de inspiración y a 99% de transpiración».

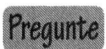 **Pregunte** ¿Ha escuchado alguien esta frase? ¿Sabe alguien quién la dijo?

- Hoy, aprenderemos de Thomas Edison.

LECCIÓN:

Acerca de Thomas Edison:

- Thomas Edison nació en 1847, y a menudo se le coloca en el primer lugar de la lista de las personas más importantes en los últimos 1,000 años.
- Sus inventos y su trabajo en la ingeniería eléctrica han iluminado el mundo.
- Thomas Edison siempre soñaba despierto. A la edad de siete años, su madre lo educó por sí misma en casa, lo cual le brindó a Thomas la libertad para pensar, aprender y explorar. Thomas demostró talento para realizar negocios a esa edad, vendiendo dulces, periódicos y vegetales en los trenes para ganar dinero.

Thomas, el inventor:

- Thomas Edison obtuvo su primer empleo a los 19 años, trabajando por las noches para una compañía de noticias. Él quería trabajar de noche para disponer del tiempo suficiente para sus inventos y experimentos. Una noche, mientras realizaba uno de sus experimentos, accidentalmente derramó ácido de batería sobre el escritorio de su jefe y de inmediato fue despedido.
- Aunque a veces las situaciones se veían difíciles, pronto se tornaron en algo bueno. Después de ser despedido de su primer empleo, un amigo inventor invitó a Thomas a vivir y a trabajar con él. Esta oportunidad fue el punto de despegue para la carrera de Thomas. Ahí surgió su primer invento: un contador eléctrico de votos.

Construyendo el laboratorio más grande de ciencias:

- Thomas tenía muchas ideas grandiosas dentro de su cabeza, y la mayoría de éstas se relacionaban con la electricidad, la luz y el sonido. Él soñaba con construir un gran laboratorio de ciencias, con muchos inventores trabajando para él, ayudándole a darle vida a sus ideas.
- En 1876, el sueño de Thomas se hizo realidad: cuando vendió su primer invento, ¡un telégrafo en $US10,000! En 1876, eso era mucho dinero y hoy, 133 años después, ¡también lo es!
- Con ese dinero, Thomas Edison construyó el laboratorio de sus sueños. El laboratorio de ciencias se llamaba Menlo Park, el cual ocupó ¡dos cuadras enteras de la ciudad!

Una brillante idea, la bombilla:

- Thomas deseaba inventar algo que nadie más hubiera podido inventar; él anhelaba crear una bombilla que todos pudieran usar.
- Las primeras bombillas habían sido desarrolladas 50 años antes que Thomas naciera; sin embargo, sólo duraban unas horas y fabricarlas era muy costoso; por tanto, nadie podía darse el lujo de tenerlas. Las casas de todo el mundo aún eran iluminadas con velas.
- Thomas afirmó que haría que la electricidad fuera tan barata que sólo los ricos tendrían velas en sus casas.
- La familia Vanderbilt le donó mucho dinero para ayudarlo con su experimento.
- En 1879, Thomas Edison desarrolló con éxito su primer bombilla, la cual duraba 40 horas. Eso era grandioso, pero significaba que las bombillas aún duraban menos de dos días.
- ¿Qué pasaría si ustedes tuvieran que cambiar todas las bombillas de su casa a cada dos días? ¡Sería un gran esfuerzo!
- Edison y su equipo continuaron trabajando en su laboratorio seis meses más hasta obtener la victoria total. Después de una lluvia de ideas y de jugar con la electricidad, ¡finalmente lo consiguió! Desarrolló una bombilla que duraba ¡más de 1,200 horas!
- Muy pronto, los hogares de todo Estados Unidos pudieron comprar bombillas; este brillante invento ¡cambió al mundo!

HACIENDO HISTORIA:

- Thomas Edison es uno de los más asombrosos inventores de todos los tiempos. No sólo inventó la bombilla y la primera máquina de rayos X, sino que también creó más de 1,093 inventos los cuales patentizó.
- Thomas Edison y su invento de la bombilla dieron inicio a una de las más grandes compañías en el mundo de hoy, *GE (General Electric)*.

CONCLUSIÓN:

- Thomas Edison llevó luz a los hogares de todo el mundo con su invento de la bombilla.
- Dios traerá luz a nuestro camino y nos ayudará a vivir nuestros GRANDES sueños e ideas. Por tanto, asociémonos con Dios y busquémoslo en todo lo que pensemos y realicemos.

Notas: _____

_____

_____

_____

OFRENDA: OBSEQUIOS PARA EL REY

Tiempo necesario: 10 minutos

Escritura para recibir la ofrenda: "Traigan ofrendas y celebren, inclínense ante la belleza de Dios y doblen sus rodillas: todos adórenle".

(Salmos 96:8-9, *MSG*)

Implementos: ☐ 1 camello de juguete, ☐ varias especias, ☐ monedas doradas, ☐ bisutería, ☐ 1 bolsa para guardar sus implementos, ☐ 1 una mesa pequeña.

Antes de la clase:

Lea la historia que se narra en 1 Reyes 10, donde se relata la visita de la reina de Sabá, llevándole obsequios al rey Salomón.

Coloque los implementos sobre una mesa pequeña.

Deje que su auxiliar lo ayude a mostrar los implementos mientras repasa la lección con los niños.

Instrucciones para la lección:

- Hoy, en nuestra lección de la ofrenda, aprenderemos una historia acerca de una reina y un rey.
- La reina era de un lugar llamado Sabá y ella deseaba visitar y honrar a un famoso rey. Este rey era famoso por tres cosas: por su gran riqueza, por ser muy sabio y por servirle al Dios verdadero.

Pregunte ¿Alguien puede decirnos quién era ese famoso rey?

- ¡Sí! Es el rey Salomón.
- (Indíquele a su asistente que muestre los implementos mientras los menciona durante la historia).
- La reina de Sabá quería honrar y mostrar gran respeto por el rey Salomón; por tanto, preparó muchos obsequios para llevar en su viaje.
- La reina llevó algunos de sus mejores camellos, y sobre ellos llevaba cargas con raras especias del lugar donde vivía, bolsas con monedas de oro y muchas joyas preciosas.
- Todo esto era para celebrar y honrar a un rey sabio y rico, quien era muy conocido por servir a Dios.
- En nuestro versículo para recibir la ofrenda, leemos: "Traigan ofrendas y celebren, inclínense ante la belleza de Dios y doblen sus rodillas: todos adórenle" (Salmos 96: 8-9, *MSG*).
- Este versículo describe cómo debemos actuar ante la presencia del Rey. Así como la reina de Sabá llevó obsequios para honrar y celebrar al rey Salomón, en la Biblia se nos indica que presentemos obsequios como una ofrenda y una expresión de adoración a nuestro Rey.

Notas: _____

BOSQUEJO DE LA LECCIÓN — ES LUMBRERA

Versículo para memorizar: «*Lámpara es a mis pies tu palabra, y lumbrera a mi camino*».
(Salmos 119:105)

I. LA PALABRA DE DIOS ES LUMBRERA A NUESTRO CAMINO
a. La Palabra de Dios nos ayuda a ver con más claridad Salmos 19:8
b. Esta lumbrera se encuentra disponible para todo aquel que decida creer Juan 12:46
c. ¡Es mejor vivir en la luz que en la oscuridad! Efesios 5:8-9

II. EL REY JOSAFAT LE PIDIÓ AYUDA A DIOS 2 Crónicas 20
a. El rey Josafat y el pueblo de Judá fueron atacados. 2 Crónicas 20:1-2
b. El rey Josafat necesitaba saber qué hacer 2 Crónicas 20:4
c. Cuando recibieron la Palabra de Dios, ¡obtuvieron la victoria! 2 Crónicas 20:14-17, 24

III. LA LUZ DE LA PALABRA DE DIOS BRILLA SOBRE NOSOTROS Y A TRAVÉS DE NOSOTROS
a. La luz y la gloria de Dios brillan sobre nosotros Isaías 60:1
b. Somos vasos para la luz de Dios Mateo 5:16
c. Dios hacer brillar Su luz en nuestro corazón para revelarnos Su bondad 2 Corintios 4:6

Una palabra del comandante Dana: Debido a que la Palabra de Dios es luz y Su Palabra vive en nosotros, podemos ser lumbrera para todos aquellos que nos rodean. Ya que la Palabra de Dios es poderosa y habita en nosotros, podemos ser poderosos al hablar y al compartir Su bondad con los demás. Busquemos la Palabra y vivamos en esa luz.

Dios nos mostrará cómo disfrutar una vida de aventura a través de leer Su Palabra y de pasar tiempo en Su presencia.

El Señor está levantando un brillante ejército de hijos que resplandezcan para Él, y nosotros tenemos el privilegio de ayudar a estos Superniños a disfrutar de la vida que Dios ha diseñado para ellos.

Notas:

¡Es lumbrera! • *Vol. 1/11.ª semana* • *Academia de Superniños*

LECCIÓN PRÁCTICA — LA OSCURIDAD ES UN DESASTRE

 **Tiempo necesario:** 5-8 minutos

 Versículo para memorizar: «Lámpara es a mis pies tu palabra, y lumbrera a mi camino». (Salmos 119:105)

Versículo de la lección práctica: «En los cuales el dios de este siglo cegó el entendimiento de los incrédulos, para que no les resplandezca la luz del evangelio de la gloria de Cristo, el cual es la imagen de Dios». (2 Corintios 4:4)

 Consejo para el maestro: Por seguridad, es importante que les pregunte a los niños si son alérgicos a algún alimento. Los sándwiches sólo son para demostración, no para que los niños los coman. Coloque los implementos en un lugar seguro cuando no los utilice durante la lección

 Consejo para involucrar a los adolescentes: Ésta es una gran oportunidad para dejar que tres asistentes lo ayuden con la demostración.

Implementos: ☐ 1 frasco grande de mayonesa, ☐ 1 bolsa grande de queso rayado, ☐ 6 rodajas de pan, ☐ 3 platos, ☐ 2 vendas para los ojos, ☐ 1 lona plástica.

Antes de la clase:

Coloque la lona plástica o periódicos viejos sobre el piso para proteger el área de cualquier derrame.

Organice los implementos sobre la mesa para tenerlos a disposición y para una mejor distribución.

Éste sería un gran momento para permitir que tres adolescentes le ayuden con la demostración.

Coloque un plato, una cuchara para la mayonesa, dos rodajas de pan y el queso rayado en tres lugares designados, a fin de que los asistentes con los ojos vendados preparen los sándwiches.

Utilice música de fondo durante el reto de los sándwiches.

Instrucciones para la lección:

- Para la lección práctica de hoy, haremos sándwiches de queso. Contamos con la ayuda de tres voluntarios que están preparados para competir en la preparación del sándwich de queso sin ensuciar nada. ¿Les parece un desafío interesante?
- Oh, casi olvidamos mencionar un giro inesperado de este reto: ¡dos de los concursantes tendrán vendados los ojos!
- ¡Comencemos!
- Muy bien —observemos cómo están los sándwiches. ¡Cielos, todos se ven muy interesantes!
- Es mucho más desafiante preparar un sándwich de queso sin ensuciar nada cuando se tienen vendados los ojos. Los dos voluntarios con los ojos vendados fueron más lentos y causaron un desastre preparando sus sándwiches, mientras que el voluntario sin la venda pudo preparar más rápido el sándwich sin ensuciar nada.
- ¡Muchas gracias amigos voluntarios!
- En 2 Corintios 4:4-6, leemos que el enemigo ha cegado los ojos de las personas, pero la Palabra hablada de Dios trae luz a nuestra vida y a la de otros.
- Leamos este versículo juntos.
- Esta escritura nos muestra que mientras invirtamos tiempo con Dios, aprenderemos a escuchar Su voz en nuestro corazón. Cometeremos errores y nos equivocaremos, pero Dios siempre estará ahí para ayudarnos. Anhelemos escuchar la voz de Dios, así como también ser prontos para realizar lo que Él nos indique.

Serie: Conociendo al Padre a través de Su Palabra

Notas:

LECCIÓN 12: VALOREN LA PALABRA

 **BIENVENIDA Y ORACIÓN**

 **VERSÍCULO PARA MEMORIZAR**

 **TIEMPO PARA JUGAR**

 **SUPLEMENTO 1: DRAMA**

 **OFRENDA**

 **BOSQUEJO DE LA LECCIÓN**

 **SUPLEMENTO 2: LECCIÓN PRÁCTICA**

 **ORACIÓN, ANUNCIOS Y MATERIAL DE APOYO**

 **Versículo para memorizar:** «En mi corazón he guardado tus dichos, para no pecar contra ti». (Salmos 119:11)

Serie: Conociendo al Padre a través de Su Palabra

Academia de Superniños • Vol. 1/12.ª semana • Valoren la Palabra

 **TIEMPO PARA JUGAR** "PERMANEZCA FIRME". EL JUEGO DE TIRAR Y HALAR

 **Tiempo necesario:** 5-7 minutos

 **Versículo para memorizar:** «En mi corazón he guardado tus dichos, para no pecar contra ti».

(Salmos 119:11)

Implementos: ☐ 1 cuerda larga, ☐ cinta adhesiva, ☐ 1 pliego grande de papel lustre, ☐ tarjetas grandes tamaño póster.

Antes de la clase:

Coloque una línea de cinta adhesiva para establecer un área de no cruzar durante el juego.

Coloque la cuerda larga sobre el piso en un área designada para la actividad.

Prepare una lista de situaciones negativas o difíciles sobre las cuales se pueda declarar la Palabra como ayuda.

Ejemplos:
Salmos 107:20 para vencer la enfermedad
2 Timoteo 1:7 para vencer al temor
Filipenses 4:19 para vencer la pobreza

Escriba las situaciones negativas o desafiantes sobre el pliego de papel para que los cadetes puedan verlas y leerlas con facilidad.

En las tarjetas escriba los pasajes bíblicos que pueden ayudar a vencer cada situación negativa o desafiante.

Muestre el pliego de papel y las tarjetas durante la actividad, a fin de que los cadetes los lean y declaren mientras participan.

Permita que un maestro o un adulto voluntario sostenga uno de los extremos de la cuerda, mientras que los Superniños que saben leer pasen al frente para participar en el juego.

 **Consejo para el maestro:** Por seguridad, recuérdeles a los cadetes que no deben soltar la cuerda, pues se podría provocar una caída.

Instrucciones para la actividad:

- El maestro leerá una de las situaciones negativas o desafiantes, el juego comenzará y el cadete leerá la cita correspondiente para ayudar a vencer esa situación.
- Mientras el cadete lee la cita correcta correspondiente, el maestro permitirá que el niño comience a ganar.
- Permita que el cadete gane mientras declara la cita correcta.
- Repita la actividad, mientras haya tiempo y referencias bíblicas.

Objetivo del juego:

Aferrarse y no ser derribado por una situación desafiante. De la abundancia de nuestro corazón, hablará nuestra boca.

Aplicación:

Si decidimos leer, meditar y confesar la Palabra, esto cambiará nuestra vida y nos ayudará a ser de bendición para los demás. Podemos declarar la Palabra en cada situación desafiante que enfrentemos y confiar en que Dios nos ayudará en nuestros momentos de necesidad. ¡Él desea lo mejor para nuestra vida! ¡Él es bueno! Sus caminos son más altos y mejores que los nuestros. Guardemos Su Palabra en nuestro corazón y dejemos que Dios nos guíe y nos aconseje.

Valoren la Palabra • Vol. 1/12.ª semana • *Academia de Superniños*

 **DRAMA** TIMMY & JIMMY: "LA BIBLIA ROBADA"

Descripción de los personajes:

Timmy es el mejor amigo de Jimmy, sin embargo, son muy distintos. Ambos son únicos en su forma de ser, y aprecian y aprenden de las diferencias uno del otro.

Jimmy es inteligente, le gusta divertirse, y posee un enfoque único para interpretar las Escrituras.

Timmy es inteligente y tiene un sentido del humor irónico, y le agrada examinar el significado de las Escrituras con Jimmy.

Disfraces:

Timmy - camisa tipo polo y pantalones cortos
Jimmy - playera con un diseño o mensaje absurdo, *jeans* y gorra

Implementos: ■ Escenografía de un dormitorio o una sala.

(La historia comienza así: Jimmy está sentado, con los codos sobre sus rodillas, cabizbajo y triste; luego entra Timmy)

TIMMY:
¡Hola, Jimmy! ¿Adivina qué? Acabo de ganar un… Jimmy, ¿qué ocurre?

JIMMY:
Abrieron mi casillero.

TIMMY:
¡No me digas!

JIMMY:
¡Escúchame, por favor! Necesito contárselo a alguien.

TIMMY:
En realidad no quise decir que no me lo contaras…, no importa. Cuéntame ¿qué pasó?

JIMMY:
Acababa de terminar mi clase de historia y fui por mi almuerzo. Ahora estamos estudiando el Álamo, lo cual aún me tiene confundido ya que dijeron que ese lugar era cálido. Siempre pensé que Alaska era fría.

TIMMY:
El Álamo no se encuentra en Alaska, se encuentra en Texas.

JIMMY:
Entonces ¿por qué tienen todos esos iglúes?

TIMMY:
Esos son esquimales, ¡y no viven en el Álamo!

Serie: Conociendo al Padre a través de Su Palabra

JIMMY:
Tú deberías ser maestro algún día. Eres muy inteligente.

TIMMY:
Gracias, pero ¿puedes continuar con la historia?

JIMMY:
Ah, sí. Era la hora del almuerzo, mi clase favorita del día.

TIMMY:
La hora del almuerzo no es una clase.

JIMMY:
Ésa es tu opinión personal. Yo pienso que los chefs estarían de acuerdo conmigo. Me sigues distrayendo, intento contarte una historia.

TIMMY:
Lo lamento. Continúa.

JIMMY:
Bien, hoy es miércoles, lo que significa que mi mamá me envió su famoso sándwich de albóndiga hecho en casa para mi almuerzo. Es lo mejor de mi semana de escuela. ¿Puedes entender lo horrible que es esto?

TIMMY:
¿Alguien robó tu sándwich de albóndiga?

JIMMY:
¡Peor! Me sentiría mejor sabiendo que en realidad alguien disfrutó del mejor sándwich de albóndiga de toda la ciudad. ¡Pero ni siquiera se lo comieron! Sólo lo hicieron pedazos y con éste mancharon toda la puerta de mi casillero y...

(Jimmy vuelve a bajar la cabeza).

TIMMY:
¿Y qué más? ¿Qué más mancharon?

JIMMY:
¡MI BIBLIA!

TIMMY:
Ay, Jimmy. Lo siento mucho. ¡Qué mal!

JIMMY:
Me la llevé al comedor para leer, pues no tenía nada para comer. Y cuando la abrí, ahí estaba. Un gran pedazo de albóndiga hecha puré a la mitad de Salmos.

(Timmy trata de no reírse, pero sonríe un poco).

TIMMY:
¡Qué lástima!

JIMMY:
Y eso no es todo. Me tocaba la clase de matemática, entonces quité los pedazos de albóndiga, que en realidad estaban sabrosos, y limpié lo mejor que pude. Y después de la clase de matemática ¿adivina qué pasó?

TIMMY:
¿Encontraste un pedazo de pan con ajo en Proverbios?

JIMMY:
Ja, ja. Muy gracioso. No, esta vez robaron mi Biblia. Ahora ¿cómo se supone que escucharé a Dios?

TIMMY:
La buena noticia es que ¡Dios ya pensó en ello!

JIMMY:
¿Qué quieres decir?

TIMMY:
Dios ideó un lugar secreto en el que pudieras depositar Su Palabra, ¡un sitio de donde NADIE pueda robársela!

JIMMY:
Aún soy muy joven para tener mi propia caja fuerte.

TIMMY:
No me refiero a una caja fuerte, sino a un lugar donde puedas guardar Su Palabra, y todos lo poseen: el corazón.

JIMMY:
Me explicas otra vez, por favor.

TIMMY:
En Salmos se nos indica que debemos guardar Su palabra en nuestro corazón. Jimmy, tú lees la Palabra todo el tiempo; por consiguiente, ¡ésta ya se encuentra guardada en tu corazón!

JIMMY:
Eso es asombroso. Había olvidado ese versículo.

TIMMY:
Entonces si alguien roba tu Biblia, ¡no pueden robar la Palabra de Dios que se encuentra en tu corazón!

JIMMY:
Timmy, eres un gran amigo. Gracias. ¿Quieres acompañarme a comprar una Biblia nueva? Luego podemos comer una porción de pizza en Joe's.

TIMMY:
Genial. Déjame pedirle permiso a mi mamá.

JIMMY:
¡Dame cinco por la Biblia nueva!
(Jimmy le da a Timmy los cinco con fuerza, Timmy se sacude la mano del dolor y luego salen).

Academia de Superniños • Vol. 1/12.ª semana • Valoren la Palabra

OFRENDA — PERMANEZCA FIRME

Tiempo necesario: 10 minutos

Versículo para recibir la ofrenda: "Pues ustedes tienen necesidad de paciencia firme y perseverancia para que puedan hacer y cumplir totalmente la voluntad de Dios, y así recibir y llevarse [disfrutar a plenitud] lo que ha sido prometido". (Hebreos 10:36, *AMP*)

Implementos: 1 cuerda para saltar, 1 premio pequeño.

Instrucciones para la lección:

Pregunte ¿Hay algún experto en saltar la cuerda en la clase?

- ¡Grandioso!

Pregunte Como eres experto en saltar la cuerda, ¿puedes saltar 100 veces?

- Si lo logras, ¡recibirás un premio!
- (Deje que los niños cuenten mientras el voluntario salta. Si éste se equivoca o se tropieza, continúe contando donde se quedó, a fin de ahorrar tiempo).
- Cielos, ¡ésos fueron muchos saltos!
- No sería sorprendente que después de 80 ó 90 saltos, el cadete comenzara a pensar: "Esto en realidad es difícil, requiere mucha energía, quizá debería detenerme"; pero él no lo hace. Estamos impresionados de que hayas continuado.
- Nuestra escritura para recibir la ofrenda de hoy, describe a este saltador. Leámosla todos juntos: "Pues ustedes tienen necesidad de paciencia firme y perseverancia para que puedan hacer y cumplir totalmente la voluntad de Dios, y así recibir y llevarse [disfrutar a plenitud] lo que ha sido prometido" (Hebreos 10:36, *AMP*).
- Este cadete posee lo que en la Biblia se describe como **perseverancia**, lo cual significa que uno sigue adelante y no se da por vencido.

Pregunte ¿Pueden darme una razón por la cual este cadete continuó saltando?

- Porque se le prometió un premio si seguía saltando.
- Quizá se pregunten qué pasó con el premio. Bien, antes de entregarlo, debemos recordar dos cosas importantes en este pasaje bíblico: la perseverancia y la paciencia.
- Este cadete fue perseverante mientras saltaba, pero ahora viene la parte de la ¡paciencia! Al final de la clase de hoy, si el cadete es paciente, recibirá su premio; y todos creemos que ¡él puede lograrlo! (Recuerde entregar el premio).
- Recordemos que cuando oramos y confiamos en que Dios nos ayudará a Su tiempo y a Su manera, ¡no nos rendiremos! Todos contamos con paciencia y perseverancia mientras esperamos en Él por las respuestas.

Notas: _____
_____
_____
_____
_____

Valoren la Palabra • Vol. 1/12.ª semana • *Academia de Superniños*

BOSQUEJO DE LA LECCIÓN — LA PALABRA ES VALIOSA

Versículo para memorizar: «*En mi corazón he guardado tus dichos, para no pecar contra ti*».

(Salmos 119:11)

I. LA PALABRA DE DIOS ES VALIOSA
   a. Cuando algo es valioso, lo colocamos en un lugar seguro.
   b. No queremos que nuestro tesoro más valioso se pierda o se lo roben.
   c. Nuestro corazón es el mejor lugar para guardar la Palabra   Salmos 119:11

II. LA PALABRA, DEPOSITADA EN NUESTRO CORAZÓN, TIENE PODER
   a. En la Palabra se nos enseña cómo debemos alabar y adorar   Salmos 29:2
   b. La Palabra jamás podrá ser arrebatada   Juan 10:28

III. LA PALABRA DE DIOS ES PARA SIEMPRE   Juan 1:1
   a. ¡La Palabra nos brinda vida eterna, salud, paz y bendición!
   b. La Palabra jamás pasará de moda ni perderá su poder   1 Pedro 1:25
   c. La Palabra también nos ayudará a amar más a nuestra familia   1 Juan 4:7, *NTV*

Una palabra del comandante Dana: La Palabra es un regalo para nuestra vida. Cuando leemos, oramos e invitamos a Dios a formar parte de cada momento de nuestro diario vivir, le permitimos que nos forme y nos moldee para ser las personas que Él desea que seamos. Podemos confiar en que Dios y Su Palabra es la misma ayer, hoy y siempre; jamás pasará. Cuando se encuentre en nuestro corazón, viviremos con nuestro Padre celestial ¡por la eternidad! Recuerden, Superniños, Dios desea lo mejor para nuestra vida y ¡anhela que bendigamos a los demás!

Notas:

Serie: Conociendo al Padre a través de Su Palabra

LECCIÓN PRÁCTICA — ¡DEPENDA DE LA PALABRA!

Tiempo necesario: 10 minutos

Versículo para memorizar: «*En mi corazón he guardado tus dichos, para no pecar contra ti*».

(Salmos 119:11)

Implementos: ■ Algunas joyas de fantasía (artículos de tiendas de un dólar), ■ 1 billete de alto valor de un juego de mesa (US$US50 ó US$100), ■ una valiosa tarjeta de béisbol.

Instrucciones para la lección:

- ¡Hola, cadetes!
- Hemos estado aprendiendo un versículo importante: Salmos 119:11.
- Repitámoslo juntos: «*En mi corazón he guardado tus dichos, para no pecar contra ti*».

Pregunte ¿Quiere alguien compartir qué significa esta escritura?

- (Déles oportunidad a los cadetes para que compartan qué significa para ellos esta escritura y que expliquen cómo pueden aplicarla en su vida diaria).
- Para nuestra lección práctica, hemos traído joyería muy bonita, una valiosa tarjeta de béisbol y algo de dinero.

Pregunte Niñas, si tuvieran joyería bonita ¿la dejarían tirada en su dormitorio? o ¿la guardarían en un lugar seguro?

Pregunte Niños, si coleccionaran tarjetas de béisbol y ésta fuera una muy importante, ¿la mantendrían en el fondo de su mochila?

Pregunte Muy bien, si les dieran un verdadero billete de US$100, ¿lo dejarían en la parte superior de su armario o sobre la mesa de la cocina?

- De sus respuestas, aprendimos que debemos cuidar las cosas bonitas que nos han obsequiado y guardarlas en un lugar seguro cuando no las utilizamos.
- Como leímos en nuestro versículo para memorizar, debemos depositar la Palabra en nuestro corazón; a fin de que podamos utilizarla como ayuda para tomar buenas decisiones cada día.
- Nosotros cuidamos la buena joyería, los juguetes o el dinero que recibimos, y los guardamos en un lugar seguro hasta que los vamos a utilizar. Así también, la Palabra es muy importante para nosotros, entonces debemos dedicarle tiempo y depositarla en un lugar especial: ¡nuestro corazón!

Notas:

LECCIÓN 13: ¡HÁGANLO!

- BIENVENIDA Y ORACIÓN
- VERSÍCULO PARA MEMORIZAR
- TIEMPO PARA JUGAR
- SUPLEMENTO 1: LA COCINA DE LA ACADEMIA
- OFRENDA
- BOSQUEJO DE LA LECCIÓN
- SUPLEMENTO 2: TIEMPO DE LECTURA
- ORACIÓN, ANUNCIOS Y MATERIAL DE APOYO

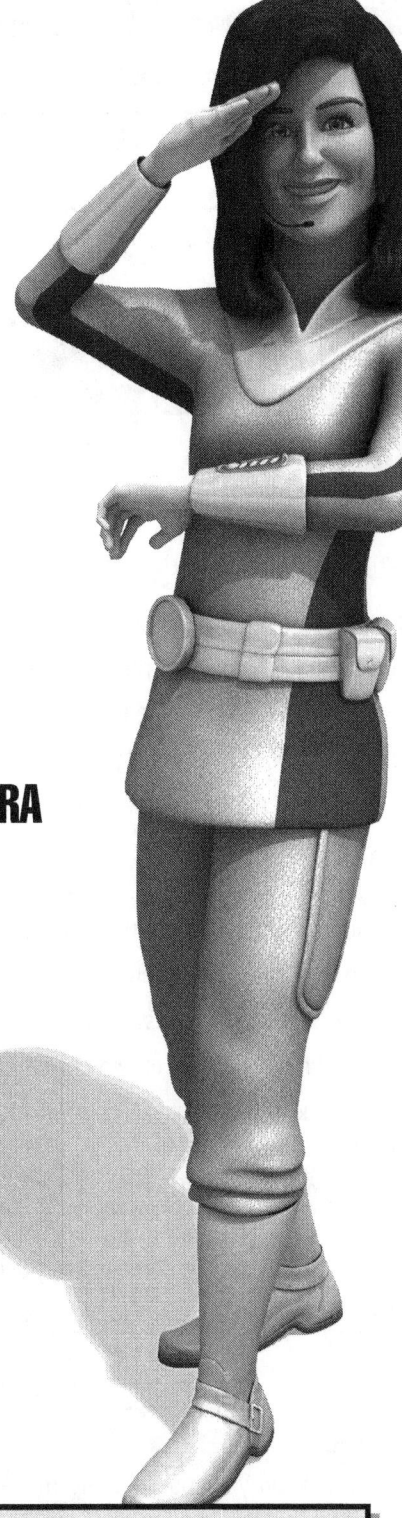

Versículo para memorizar: «Pero sed hacedores de la palabra, y no tan solamente oidores, engañándoos a vosotros mismos». (Santiago 1:22)

Serie: Conociendo al Padre a través de Su Palabra

Academia de Superniños • Vol. 1/13.ª semana • ¡Háganlo!

TIEMPO PARA JUGAR — EL RETO MISTERIOSO

Tiempo necesario: 10 minutos

Versículo para memorizar: «*Pero sed hacedores de la palabra, y no tan solamente oidores, engañándoos a vosotros mismos*». (Santiago 1:22)

Consejo para el maestro: Enséñeles a los Superniños el versículo que deben memorizar, déles tiempo para que lo repitan.

Implementos: ☐ 2 hula hoops, ☐ 3 recipientes no transparentes, ☐ 1 huevo duro, ☐ 1 recipiente transparente, ☐ 1 botella de jabón líquido para manos, ☐ velas para tarta de cumpleaños, ☐ 1 babero, ☐ 5 juguetes para premios.

Antes de la clase:
Coloque los implementos del desafío misterioso en los recipientes apropiados. Etiquételos del 1 al 3.

Instrucciones para la actividad:

 ¿Alguien sabe qué significa ser valiente?

- (Déles oportunidad a los niños para responder y compartir).
- Definición: Valiente = Alguien que activamente enfrenta y resiste situaciones desafiantes.
- Para el juego de hoy, necesitaremos algunos Superniños valientes.
- Escoja a un niño y a una niña para competir entre sí en un concurso de *hula hoop*.
- Quien tarde más tiempo con el *hula hoops* recibirá la oportunidad de escoger un desafío misterioso de uno de los tres recipientes.
- Si completa el dasafío misterioso, el ganador ¡recibirá un premio! Si el jugador decide no completar el reto, entonces no recibirá un premio, y el otro jugador puede intentarlo.
- (Si el concurso de *hula hoops* tarda demasiado, los concursantes pueden jugarlo con sus rodillas, los brazos, etc.).
- Después del concurso de *hula hoops*, permita que el ganador elija un recipiente con un desafío.
- Después de elegir el recipiente, lea el reto correspondiente.
- Diviértanse con este juego y pregúntele a cada jugador si puede adivinar el desafío misterioso, basándose en el objeto que se encuentra en el recipiente transparente.

		Reto misterioso:
Recipiente #1	Huevo duro	Quítele la cáscara al huevo, y separe la clara de la yema. Manténga todas las partes intactas tanto como le sea posible.
Recipiente #2	Velas de cumpleaños	Multiplica tu edad por cuatro y realiza esa cantidad de saltos.
Recipiente #3	Babero	Con tu mejor voz de niño, di: *"Me puedo comer toda mi cena yo solo, ¡porque soy grande!"*. Luego apláudete a ti mismo.

Objetivo del juego:
Ganar el concurso de *hula-hoop* y escoger un reto misterioso. Si uno de los concursantes puede seguir las instrucciones y completa el reto misterioso, ¡ganará un premio!

Aplicación:
A veces, es más fácil escuchar instrucciones que cumplirlas. Fue fácil escuchar los retos misteriosos, pero no siempre fueron fáciles de llevar a cabo. Seamos buenos oidores y ¡obedezcamos lo que Dios nos indica!

Serie: Conociendo al Padre a través de Su Palabra

¡Háganlo! • Vol. 1/13.ª semana • *Academia de Superniños*

LA COCINA DE LA ACADEMIA — COCINEROS DESASTROSOS

Tiempo necesario: 10 minutos

Versículo para memorizar: «*Pero sed hacedores de la palabra, y no tan solamente oidores, engañándoos a vosotros mismos*». (Santiago 1:22)

Implementos: ☐ 1 tazón mediano de cristal, ☐ cucharas para servir, ☐ guantes desechables, ☐ la receta.

Receta:

- 1 lata grande de frijoles refritos
- 2 tazas de crema agria
- 1 frasco mediano de salsa
- 1-2 tazas de queso cheddar rallado
- 1 tomate grande, picado
- 1 lata pequeña de aceitunas negras rodajadas, sin agua (opcional)
- 1 bolsa de nachos

Antes de la clase:

1. Comience a preparar el aderezo por capas dispersando los frijoles refritos en el tazón (Tenga cuidado de no derramar los frijoles sobre la orilla del plato).
2. Luego, con una cuchara limpia, coloque crema agria sobre los frijoles y, con cuidado, dispérsela con el anverso de la cuchara para distribuirla de forma pareja.
3. Para la tercera capa, utilice otra cuchara limpia para agregar la salsa sobre la crema agria.
4. Después espolvoree un poco de queso sobre toda la salsa suave (sugerimos utilizar los guantes desechables para este paso).
5. No se quite los guantes, coloque el tomate picado sobre el queso y dispérselo de manera uniforme.
6. Opcional: Agregue las aceitunas en rodaja para la última capa de su obra maestra.
7. Tome un nacho y ¡comience a comer!

Consejo para el maestro: Como esta lección se trata de escuchar y seguir instrucciones, queremos demostrar qué sucede cuando no somos buenos oidores.

Escoja a un Superniño para que lea la receta durante la demostración.

Mientras su asistente lee cada paso, vierta los ingredientes en el tazón sin tomar en cuenta los detalles de las instrucciones. Cuando termine, el aderezo no lucirá apetecible porque los ingredientes no están bien distribuidos.

¡Diviértanse con esta receta y con la actividad!

Sería bueno llevar otro aderezo, el cual haya sido preparado de manera apropiada, a fin de mostrarlo al final de la lección y marcar un contraste entre uno y otro. Quizá alguien pude probarlo! (Pídale a un adulto que lo pruebe).

Por seguridad, si usted decide permitirles probar o tocar los alimentos, es importante que les pregunte a los niños si son alérgicos a algún alimento.

Serie: Conociendo al Padre a través de Su Palabra

Academia de Superniños • Vol. 1/13.ª semana • ¡Háganlo!

Instrucciones para la lección:

- Hoy, prepararemos una deliciosa refacción, ¡un aderezo de seis capas! Pero antes de comenzar, necesitaremos un Superniño que sea bueno para leer recetas.

- (Es importante escoger a un buen lector para esta demostración, ya que nos enfocaremos en escuchar y seguir instrucciones).

- Muy bien, Superniños, ¡empecemos!

- Mientras el Superniño lee la receta, prepare el aderezo ignorando los puntos específicos de cada paso.

- (Esto ayudará a demostrar qué sucede cuando elegimos no escuchar ni seguir instrucciones).

- Hmm, esto no resultó de la forma en que debería.

Pregunte ¿Qué opinan, niños?

- Escuchen, esto me recuerda nuestro versículo para memorizar de hoy.

Pregunte ¿Alguien recuerda nuestro versículo para memorizar?

- (Deje que los Superniños repitan el versículo, y después repítanlo juntos).

- En Santiago 1:22, leemos: «*Pero sed hacedores de la palabra, y no tan solamente oidores*».

- Yo estaba escuchando a mi asistente mientras leía la receta; sin embargo, no seguí con exactitud lo que me indicaba.

- Superniños, asegurémonos de realizar lo que está escrito en la Palabra. Si escogemos poner en práctica la Palabra viva de Dios, nuestra vida tendrá éxito… ¡como **este** aderezo! ¡¿Acaso no se ve apetecible?!

Notas:

Serie: Conociendo al Padre a través de Su Palabra

¡Háganlo! • Vol. 1/13.ª semana • *Academia de Superniños*

OFRENDA — HORA DE DAR GRACIAS

Tiempo necesario: 10 minutos

Versículo para recibir la ofrenda: «*El que recibe instrucción en la palabra de Dios, comparta todo lo bueno con quien le enseña*».

(Gálatas 6:6, *NVI*)

Implementos: ☐ Obsequios para el maestro (Ej. Una taza, una vela, una tarjeta de felicitaciones, una manzana, etc.).

Instrucciones para la lección:

Pregunte ¿Alguien sabe qué significa el Día del Maestro?
- (Déles la oportunidad a los niños de responder y compartir).
- **Respuesta:** El Día del Maestro es un día especial de cada año, momento en que los estudiantes y los padres celebran a los maestros y les hacen saber cuánto aprecian su arduo trabajo.

Pregunte ¿Le ha celebrado alguno de ustedes el día a su maestro llevándole un obsequio?
- Hemos traído algunos artículos que a los niños les gustaría regalarles a sus maestros.
- (Muestre cada artículo para que los niños los vean y los compartan).

Pregunte Escuchen, niños, ¿sabían que el discípulo de Jesús llamado Pablo le enseñó a la gente la importancia del Día del Maestro?
- Leamos Gálatas 6:6: «*El que recibe instrucción en la palabra de Dios, comparta todo lo bueno con quien le enseña*» (*NVI*).
- En este versículo, se nos afirma que debemos celebrar y honrar a las personas que nos enseñan la Palabra.
- Quizá sea su maestro de la escuela o el pastor de niños, o incluso el pastor general.
- Y no todos los obsequios implican dinero. A veces, el mejor regalo que pueden dar es el agradecimiento.

Pregunte ¿Cuáles son los regalos que se pueden dar, pero que no tengan un costo monetario?
- (Déles la oportunidad a los Superniños de compartir sus ideas).
- Siempre podemos darles gracias por nuestros maestros. Superniños, ¿sabían que cuando expresan agradecimiento, honran a Dios y a los demás? Sus maestros lo agradecerán, y también ¡el Señor!

Notas: _____
_____
_____
_____
_____
_____

Serie: Conociendo al Padre a través de Su Palabra

Academia de Superniños • Vol. 1/13.ª semana • ¡Háganlo!

BOSQUEJO DE LA LECCIÓN — ¡HÁGANLO!

Versículo para memorizar: «*Pero sed hacedores de la palabra, y no tan solamente oidores, engañándoos a vosotros mismos*». (Santiago 1:22)

I. ES MÁS FÁCIL ESCUCHAR QUE HACER
a. Es importante ser buenos oidores.
b. Si no somos hacedores de la Palabra, no veremos quiénes somos en realidad Santiago 1:23-24
c. ¡Dios está buscando oidores y hacedores!

II. LA OBEDIENCIA ES UN INGREDIENTE IMPORTANTE
a. En una ocasión, un padre les pidió a sus dos hijos que realizaran un trabajo Mateo 21:28-31
b. Uno de ellos respondió que trabajaría, pero no lo hizo. Y el otro hijo sí obedeció.
c. ¿Quién creen ustedes que complació más a su padre?

III. DIOS ESTÁ BUSCANDO A QUIÉN BENDECIR 2 Crónicas 16:9
a. Aquellos que escuchan y obedecen lo que se indica en la Palabra, serán bendecidos.
b. Dios tiene grandes planes y recompensas para quienes son oidores y hacedores.
c. Nuestro Padre celestial siempre recompensa el esfuerzo constante Hebreos 11:6

Una palabra del comandante Dana: Esta enseñanza les brinda una oportunidad a los niños para aprendan a ser oidores y hacedores de la Palabra. En las Escrituras se nos asignan tareas a los creyentes, entonces considere designarles a los niños tareas específicas que los desafíen a seguir instrucciones y a ser hacedores.

Preséntenles a los Superniños, tres retos opcionales para la semana.

Uno de estos puede ser:

Niños, pregúntenles a sus padres si pueden hacer la cama de ellos ¡toda la semana!

Pídales a los niños que lleven una nota firmada por sus padres, asegurando que cumplieron su reto.

(Después de darles el ejemplo, pídales a los Superniños que mencionen otras labores donde a sus padres les gustaría recibir ayuda).

Notas: _____

_____

_____

_____

_____

Serie: Conociendo al Padre a través de Su Palabra

TIEMPO DE LECTURA — EL REY TENAZA

 **Consejo para involucrar a los adolescentes:** Repasar la cita bíblica antes de iniciar la clase e involucrar a los adolescentes como auxiliares es una gran forma de mantener a los niños involucrados y atentos.

Joe observaba cómo su hermano, Bob, levantaba una paca de heno y la apilaba contra la pared del granero. Bob tenía 12 años, y era muy fuerte para su edad.

Joe pensaba: «Si tuviera sus músculos, levantaría mucho más heno!».

Su padre les había asignado una sola tarea para ese día, pero era una gran labor. Joe continuó relajándose mientras su hermano mayor apilaba dos pacas más.

—Oye, Bob, ¿te gustaría ir al arroyo? —le preguntó Joe.

No había nada que a Joe le gustara más que ir al arroyo. Era agradable y fresco, y además, estaba lleno de bichos. Una semana antes, Joe había visto una enorme langosta de río que tenía una tenaza negra, y otra roja y grande. Y Joe la nombró: "El rey tenaza". Y Joe tenía toda la intención de atrapar ese gran premio.

Bob levantó otra paca de heno, miró a Joe y le dijo: «Si vamos al arroyo, ¿quién apilará el resto del heno dentro del granero?».

Joe amaba a su hermano mayor, pero pensaba que Bob era muy responsable.

—Podemos ir allá mientras el clima se refresca —replicó Joe—. Ahora hace mucho calor, además, creo que podemos apilar las pacas mucho mejor cuando el clima esté más fresco.

Su hermano menor tenía razón. Había mucho calor afuera, pero había más calor dentro del granero. Además, movilizar el heno era un trabajo sucio y provocaba picazón, en especial cuando el heno se le metía en la camisa. Bob frotó su acalorada y sudada cabeza, y le preguntó a Joe: «¿Cuántas pacas de heno has apilado?».

—No lo sé —replicó Joe—. Quizá dos o tres. ¿Cuántas quedan?

—Creo que 110 —respondió Bob.

—¿110? Es un hecho —exclamó Joe—. ¡Nos vamos al arroyo!

En ese momento, escucharon que su madre gritaba desde la puerta trasera: «¡Joe, Bob!». Sonaba gracioso cuando ella decía los nombres de esa forma.

—Ella está llamando a alguien llamado Joe-Bob —dijo Joe, con una sonrisa en su rostro.

—Me alegra que no nos esté llamando a nosotros —replicó Bob.

Riéndose, ambos se fueron corriendo hacia el arroyo.

—¡El último en llegar es un huevo podrido! —gritó Bob.

Los muchachos corrieron hasta el arroyo, y al llegar Joe exclamó: «Esto es mucho más agradable».

—Ahí está —dijo Bob.

De inmediato, Joe se sentó preguntando: «¿Quién? ¿Papá?».

—No es exactamente papá —replicó Bob—. Más bien, es "¡el papá tenaza!". Estoy viendo a tu amigo, el de las enormes tenazas.

—Tienes razón —susurró Joe—. Es él y ¡tiene la gran tenaza roja que yo deseo!".

—¿Qué harás con él? —le preguntó Bob.

—No lo sé, haré un collar o algo —respondió Joe.

Con un salto rápido, Joe se lanzó al agua, y se aferró a algo bajo la orilla. Luego con su mano tomó la enorme langosta de río y la lanzó a la orilla. Ambos miraron fijamente la gran tenaza de color rojo.

—Cielos, mira eso —exclamó Bob.

La criatura intentaba regresar a la orilla del arroyo, amenazándolos con sus tenazas.

—No, tú no te escaparás —dijo Joe—. Te convertirás en un collar —y colocó su premio en una vieja lata que llevaba consigo.

Cuando volvían a su casa, escucharon un estruendo a la distancia.

—Sonó como un trueno —manifestó Bob—. ¡Será mejor que nos apresuremos para volver a casa!

Cuando regresaban, una línea negra de nubes apareció en el horizonte. Los rayos destellaban como si fueran una cámara fotográfica gigante, seguidos por un trueno que luego se convirtió en un gran estruendo.

—¡Cielos, eso estuvo cerca! —exclamó Joe.

—Creo que acabo de sentir una gota de lluvia —expresó Bob.

Joe miró el oscurecido cielo y recordó las 110 pacas de heno que estaban afuera del granero. Cuando llegaron a casa, ya estaba lloviendo muy fuerte y estaban empapados.

Mientras ambos hermanos mojados entraban por la puerta trasera, se encontraron cara a cara con su padre.

—Hola, niños, ¿cómo les fue apilando el heno?

Bob se animó a contar la verdad y tartamudeando le dijo: «Tuvimos una distracción...».

—Lo noté cuando llegué —respondió su padre.

—Papá, es mi culpa. Bob estaba trabajando y lo convencí de ir al arroyo —explicó primero Joe.

—Bob, ¿es cierto? —le preguntó el padre a su hijo menor.

—Papá, en realidad no es culpa de Joe. Es mía porque soy el mayor y el más responsable.

—Niños, siéntense —le dijo su padre—. Permítanme explicarles, quiero que realicen las tareas difíciles que les asigno, pues deseo confiar en ustedes al igual que Dios quiere confiar en nosotros. Mientras más confíe Él en nosotros, más puede contar con nosotros.

—Creo que nos equivocamos —aseguró Joe.

Ambos hermanos inclinaron su rostro.

Después de un largo silencio, su padre les dijo: «Lo mejor acerca de Dios es que Él siempre nos da otra oportunidad».

—Vine a casa temprano y guardé el resto del heno por ustedes. Creo que eran 110 pacas. ¿Puedo contar con que serán confiables la próxima vez?

—Puedes contar con nosotros, papá —exclamó Bob, mientras su hermano asintía en acuerdo.

—Recordaré eso —dijo su padre sonriendo, y mientras entraba a su dormitorio y cerraba la puerta, agregó—: Me alegro de que se hayan divertido en el arroyo.

Joe se volvió hacia su hermano, y le dijo: «¡Papá nos mostró su gracia esta vez!».

—Sí, porque merecíamos algo más —expresó Bob.

En ese momento, el sonido de un rasguño provino de la lata olvidada en la entrada. Ambos corrieron a dar un vistazo. La langosta que se encontraba dentro alzó su tenaza de color roja como si dijera: "¿Qué sucederá conmigo?". Los dos niños se vieron el uno al otro.

—¡Dejémosla libre! —gritaron al unísono.

Había dejado de llover y el sol brillaba de nuevo.

—Mamá, papá, iremos al arroyo, a menos que haya alguna tarea que debamos realizar primero —exclamaron.

—Niños, vuelvan antes que oscurezca —expresó su madre desde la cocina. Joe y Bob corrieron al arroyo. Cuando llegaron a la orilla, Joe vio por última vez dentro de la lata.

—Muy bien, rey, creo que eso es todo. Tú también te mereces otra oportunidad.

—Después de ello, volteó la lata, y la gigante langosta cayó en las aguas poco profundas.

Notas:

Notas:

Notas:

Notas:

Notas:

Notas: